일러두기

1. 이 책은 《부처님이 계시다면》과 《피안으로 이끄는 사자후》 두 권을 한 권으로 모아 묶은 것이다.
2. 이 책의 주요한 내용은 일간지와 주간지 또는 저자가 질문자와 대담한 자료 또는 이것을 지상에 직접 기고하고 게재한 자료 중에서 오늘 우리에게 절실한 가르침을 주는 것만을 재구성하여 모은 것이다.
3. 저자 생전에 언급한 시점에 대해서는 정확히 표기하는 데 어려움이 있었다. 혹시 잘못된 부분이 있다면 바로잡도록 하겠다.
4. 부록으로 정리한 'Q & A 탄허 스님에게 듣는다'는 시자侍子가 틈틈이 묻고 탄허 스님이 답한 내용을 간추려 수록한 것이다.
5. 책명은 《 》, 논문은 〈 〉으로 표기하였다.

미래사회의 주인공들에게 남긴
100년을 내다본 지혜 모음

탄허록

탄허 지음

사진으로 보는 탄허 스님의 일생

탄허 선사 평복 진영

20세 때 입산 전 글방 앞에서

32세 때 동문수학한 속가 친우
월강 선생과 함께

1967년 3월경 10년 만에 드디어 63,000여 장에 달하는 《신화엄경합론》번역 원고를 탈고하다.

1956년 가을 무렵부터 수도원의 교재로 쓰기 위하여 본격적으로 《신화엄경합론》등에 대하여 번역에 착수하다. 본경에는 《화엄경》80권과 《통현론》40권, 청량국사 《화엄수소》150권, 《회적》7권, 《현담》8권, 보조국사의 《원돈성불론》1권, 계환선사의 《화엄요해》1권과 탄허스님의 주석 등 287여 권의 집대성이다. (탄허 스님 역저서 모음)

말년에 접어드실 대전시 유성 자광사(慈光寺) 전경. 대전에 자광사를 창건하신 후 여러 곳에 흩어져 있던 장경과 소지품을 이곳으로 옮겨 '장경각(藏經閣)'이라 이름하고 장경 번역에 몰두하면서 제방의 지인들을 접견하며 출판을 계속하다.

1979년 대구 거사림 居士林에서 수차례 청 법하여 대구 극장에서 법문하시던 모습.

한허 스님이 직접 쓰신 글씨와
열반에 드신 처소 오대산 월정사 방산굴

1983년, 5년 전부터 보이기 시작한 미질(微疾)이 봄에 이르러 더욱 악화되다.
음력 4월 24일 (양력 6월 5일), 오대산 월정사 방산굴(方山窟)에서 세수(世壽) 71세,
법랍(法臘) 49세로 열반에 드시다.
열반 당시 시봉 현해 수좌가 물었다.
"스님, 여여(如如)하십니까?"
"여여하지, 몽롱하랴!"
제자 대휴수증 수좌가 말했다.
"법연(法緣)이 다 된 것 같습니다. 한 말씀 남겨 주십시오."
"일체무언(一切無言)이니라!"
때는 선사가 66세에 입적할 때를 예언하신 날이다.
열반 당시 사부대중 50여 명이 선사의 입적을 지켜보며 오열했다.
1986년 4월 24일 (음력) 오대산 상원사에 부도(浮圖)와 비(碑)가 세워지다.

책 머리에

다언多言의 병

다언多言은 사자士子의 병病이 되고, 번문煩文은 도가道家의 해害가 된다. 도道를 밝힌 말이라도 다언과 번문은 병이 되고 해가 되거늘, 하물며 도를 밝히지 못한 산설散屑의 잡화雜話야 말할 것이 있으랴.

나는 본래 근성根性이 노둔魯鈍해서 문장지학文章之學에 힘쓸 여가가 없을 뿐 아니라, 어린 시절로부터 전통적으로 유교儒敎 도학가道學家에 투신하여 익혀 왔기 때문에 매양 고인古人의 난서부화亂書付火라는 훈계를 잠시도 잊지 않고 저술보다는 사색, 사색보다는 좌망坐忘을 노력해 왔다.

그리하여 단편적인 문자도 남겨 놓은 것이 없었다. 이번 이 소소한 책자는 여러 사람으로 더불어 문답 또는 강연한 것을 글로 엮어 일반인들에게 일람一覽을 하게 한다 해서 부득이 청을 저버리지 못하고 간행을 허락한 것이다.

이 잡화雜話를 보고 혹 망매지갈望梅止渴의 일조一助가 된다면 다언의 병과 번문의 해가 세상에 만연되지 않으리라고 본다.

오대산 사람

탄허呑虛

■ 탄허록

영원을 내다보는 사상과 예지

김중배(전 동아일보 논설위원)

  동양의 마음은 유 · 불 · 선儒佛仙을 근기根氣로 다듬어지고 밝혀져 왔다. 유교는 존심양성存心養性을 말하고, 불교는 명심견성明心見性을 말하며, 도교는 수심연성修心練性을 말한다. 모두가 심성, 곧 마음자리를 탐구하는 데 일관해 왔음은 물론이다. 두어 기른다는 유儒나, 밝혀 본다는 불佛이나, 닦아 단련한다는 선仙이나, 그 표적은 필경 마음이었다. 다만 접근의 길과 깊이가 달랐다면 달랐을 뿐이다. 그 차이는 흔히 유식근儒植根, 도배근道培根, 석발근釋拔根이라고 말한다. 유가 뿌리를 심는 것이라면, 도는 뿌리를 북돋워 주는 것이며, 불은 뿌리를 뽑는 것이라는 견해다. 애써 심을 것도 북돋울 것도 없는 초월의 경지에 이른다는 문맥은 사뭇 변증법적 지양止揚을 방불케도 한다. 물론 식 · 배 · 발植培拔의 논리는 불가의 것이며 따라서 아전인수의 흔적이 전혀 없는 것은 아니다. 그러나 유불선이 나름대로 갖는 특성을 대담하게 강조하고, 또 그것을 한 묶음으로 조감하려는 뜻에는 동의할 만하다.
  유불선을 총괄하는 체계 위에서 동양의 마음을 찾으려는 시도는 문화권과 문화사의 종합적 파악을 위해서도 분명히 의미 있는 일이다.

더욱이 문명의 내일을 내다보는 정신의 지표를 위해서도 헛된 시각은 아니다.

말하자면 탄허 스님은 바로 그 시각의 선지식善知識이며, 또한 선지자다. 새삼스럽게 그가 유불선에 통달한 철승哲僧임을 기록할 필요는 없다. 화엄학의 대가로서 《화엄경》을 국역했다는 사실도 구태여 되풀이하여 적을 필요가 없다.

탄허 스님은 그 위에 동양의 역학易學 원리로 어제의 역사를 되돌아보고 내일의 역사를 예지한다. 비록 몸은 산간에 있으나 눈은 우주의 운행을 뚫어 보고자 한다. 그것이 탄허 스님이 말하는 '큰 공부'인 것이다.

동양 사상의 섭렵을 바탕으로 역학을 동원하는 탄허 스님의 예지력은 다음 세계의 주축은 동방의 한국이며, 그 주인공은 당연히 한국인이라는 데 귀착한다. 그는 다시 23도 7분가량 기울어진 지구축이 바로잡히는 날이 올 것을 믿는다. 그날이 오면, 기울어진 윤도수閏度數로 말미암아 저질러졌던 인간 사회의 부정부패도 사라지리라고 믿는다. 듣기에 따라서는 예지의 거창함이 지나쳐 허황됨으로 이어지는 느낌을 뿌리치기 어렵다. 그러나 자연과학의 지식까지 동원하는 그의 예지에는 분명히 설득력이 있다는 것 또한 부인할 수 없다. 뿐만 아니라 부정적이며 피해망상이라 할 수 있었던 우리 역사의식에 새로운 긍정, 새로운 용기를 불어 넣어 준 탄허 스님의 예지는 미래 적중을 기다리지 않더라도 현실의 예지일 수도 있다는 실감에 젖게 한다.

사실 탄허 스님이 아니더라도 높은 하늘에서 보는 눈의 밝음을 한

손으로 뿌리쳐 버리는 것은 어리석다. 가령 일상적으로 두어지는 바둑판을 바라보자. 윗수가 훤히 보는 수를 아랫수는 보지 못한다. 아랫수가 보지 못하는 것을 윗수가 본다고 해서 이상할 것은 없다. 정신의 세계는 더욱 그렇다는 것을 정신을 공부하는 사람들은 이미 체험했을 것이다.

탄허 스님에게는 몇 차례 예지 적중 내력이 있다는 사실은 알 만한 이들은 이미 아는 일이다. 그 하나는 6·25 직전, 스승 한암 스님의 만류도 뿌리치고 양산 통도사로 남하했던 이력이다. 그 둘은 울진, 삼척 지방에 무장공비가 몰려들기 직전 《화엄경》의 번역 원고를 월정사에서 영은사로 옮겼던 이력이다.

그러나 탄허 사상과 예지의 매력은 더욱 깊은 곳에 있다. 그는 예언한다. 지구에 잠재하는 화질火質이 북방의 빙산을 녹이기 시작한 것은 지구의 규문閨門이 열려 성숙한 처녀가 되는 과정이라고 비유하는 것이다. 지구의 초조初潮 현상은 소멸이 아니라 성숙의 모습이라는 낙관론이다. 그는 또한 머지않아 민중의 시대가 도래할 것을 믿는다. 땅의 민중이야말로 핵을 극복하는 원동력이 되리라는 것을 역학의 산리算理로 헤아려 내는 것이다.

어느 시대에나 선지자는 고독하다. 그러나 시대가 흐르고 나면 큰 우주의 운행과 같은 호흡으로 인간의 역사를 내다본 선지자의 예지는 믿음을 획득한다. 하나의 사상이 인정되는 것도 과정은 비슷하다. 더구나 눈앞의 공리에만 어두운 우리의 시대에는 비록 허황된 것처럼 보일지라도 넓고 크고, 깊게 영원을 내다보는 사상과 예지는 그것만으로도 보람 있는 것이다. 탄허 스님을 우러르게 되는 연유도 다른 곳에 있는 것은 아니다.

　나는 탄허 스님을 잘 알지 못한다. 탄허 스님의 사상과 예지력의 깊이는 더욱 잘 알지 못한다. 그러나 세계사의 새로운 시대에 한국의 새로운 사상이 돋아나는 못자리를 탄허 스님의 사상에서 예감하게 되는 것은 어쩔 수 없는 일이다. 그 예감에의 믿음만이 감히 탄허 스님의 소설所說이 담긴 책 앞머리를 더럽히는 만용의 원천일 뿐이다. 즉심즉불卽心卽佛, 중생의 마음이 곧 부처일 수도 있다는 믿음만으로, 탄허 스님을 우러르면서 감히 그에게 쏠리는 향심向心을 적는다.

■ 탄허록

묻지 않으면 답을 주지 않다

전창렬(변호사)

　서울 법대 재학 중 나는 뜻을 같이한 전국의 대학생 불자들과 함께 1963년 말 '한국대학생 불교연합회' 창립에 주도적으로 참여하였다. 그동안 서양 사상과 철학에 익숙하던 대학생으로서 불교적 세계관과 인생관을 접하게 된 것은 지적 호기심과 열정을 자극하기에 충분하였다.
　당시 나는 '한국대학생 불교연합회' 지도교수 이기영 박사가 강의하던 원효 스님의 '대승기신론' 강좌를 열심히 청강하고 있었다.
　1964년 어느 날, 이기영 박사는 강원도 월정사에서 개최한 대학생 수련회에 지도교수로 참여했던 이야기를 들려주며 탄허 스님에 대해 다음과 같이 극찬했다.
　"탄허 스님은 불교의 종지를 요약하거나 부연함에 있어서 자유자재하셨고, 특히 동양학에 대한 박학다식과 생불과 같은 위의威儀를 갖춘 한국 불교의 보배다."
　때마침 법대 동기생인 명호근 군으로부터 탄허 스님이 조계사에 와 계시다는 이야기를 듣고 함께 찾아가 뵙기로 하였다. 우리 두 사람은 한국대학생 불교연합회와 대한불교청년회에서 활동하는 대학생 신분임을 밝히고 친견을 청하여 간신히 허락받았다. 당시에는 대학생 불교신자가 극소수였기 때문에 특별 대접을 받은 것이다.

우리는 조계사 주지 스님 방에서 처음으로 탄허 스님을 뵈었다. 엷은 갈색의 둥근 돌 안경 속에서 방사되는 안광은 허공을 투시하는 것 같았고 가부좌를 하고 계신 다부진 모습에서 태산의 무게감을 느꼈다. 우리는 불교 대학생의 자세와 나아갈 방향에 대해 말씀을 청했는데, 탄허 스님은 도산 안창호 선생의 독립운동, 중국의 왕도 정치와 패도 정치, 50대 초반에 지으셨다는 태백산 정상의 망월사 단군 기념비문에 담긴 한반도의 미래 그리고 국가적 과제와 지도자의 자세에 대하여 쩌렁쩌렁한 목소리로 열변을 토하셨다. 그 근거로 동양 사상과 역사적 사례를 자유자재로 인용하시면서 정연한 논리로 문제의 핵심을 바로 찔러 나가셨다. 우리는 넋을 잃고 강연 내용에 빠져들었다.

처음에는 인사만 드릴 생각이었는데 이야기가 길어져 한 시간이 훌쩍 지나갔다. 두 사람만 듣기에는 너무 아쉬웠다. 내친 김에 더 많은 선배 동료와 함께 듣고 싶다고 간청하여 그날 오후 계속하여 무교동 중국집과 조계사 건너편 함평여관으로 자리를 옮겨 탄허 스님께 밤새도록 가르침을 들었다. 스님의 소탈함과 가르침에 대한 열정 그리고 지혜와 지식의 해박함과 심오함에 모두들 감탄하였다. 탄허 스님과의 첫 만남은 너무나 극적인 감동과 충격이었고 내 생애 일대 전환점이 되었다.

탄허 스님은 출가하시기 전에 이미 유교와 도교의 경전을 두루 섭

렵하시고 인생에 대한 궁극적인 의문점을 해결할 수 없어 근세 한국 불교의 걸출한 거봉이시자 대선시식이신 한암 스님과 편지 문답을 하시다가 결국에는 출가하셨다. 출가 후 한암 스님의 지도하에 간경과 역해를 통해 불교의 종지를 깨우치고 3년간의 묵언과 참선을 거치면서 자기라는 주체가 확연히 빠져버려 화엄 법계와 하나가 되셨다.

그러나 탄허 스님의 깨달음의 거울 속에는 항상 중생의 삶과 그 터전인 사회와 국가가 있었다. 중생이 없으면 부처도 없다는 것이다. 탄허 스님의 국가와 민족에 대한 사랑과 충정은 크게는 화엄 사상과 적게는 일제 강점기 보천교의 간부로서 독립운동에 헌신하신 아버지 김홍규 님의 훈육과 행적에 큰 영향을 받으신 것으로 보인다.

탄허 스님은 평소에 민생구제와 국민정신 계도는 위정자의 몫이고 승려는 위정자에게 위대한 철학과 사상을 통해 갈 길을 제시하고 뒤에서 그 역할을 독려할 뿐이므로 나라를 구제하는 일은 비구승 10명을 기르는 것보다 한명의 불교인 정치가를 기르는 것이 훨씬 중요하다고 생각하셨다.

탄허 스님은 냉전체제가 고착화되어 대한민국의 미래가 암담하던 시기에 한반도가 통일을 달성하고 한 걸음 더 나아가 태평양시대의 주도국가로서 세계사적 역할을 담당할 것임을 예견하시고 제자들에게는 이를 맞이하기 위해 도의적 인재 양성이 급선무라고 역설하셨다. 탄허 스님이 지칭하는 도의적 인재란 화엄 사상에 뿌리를 둔 동체대비同體大悲의 원력을 갖추고 언행이 일치하는 지도자를 의미하는데, 이런 인재를 양성하기 위한 교재로《신화엄경합론》역해가 꼭 필요함을 강조하셨다.

　가까이서 본 탄허 스님은 친절하고도 자상한 멘토셨다. 1960년대는 누구나 가난하고 궁핍하였다. 가장인 아버지가 직장에서 퇴직한 우리 집 형편은 더욱 가혹하였다. 나와 동생은 가정교사생활을 하여 겨우 학비와 생계비를 충당하고 있었고, 암담한 미래를 개척하기 위해 대학생활을 포기하고 차라리 취업을 할까 고민하고 있던 때였다. 탄허 스님은 이런 나에게 《맹자》의 '고자장구하편' 15장 '천장강대임어시인야天將降大任於是人也'를 인용하시면서 다음과 같이 말씀하셨다.

　"하늘이 사람에게 큰 임무를 내리려기 전에 반드시 먼저 그 심지를 괴롭히고 근골을 수고롭게 하며 굶주리게 하고 궁핍하게 하며 하는 일마다 어그러뜨리고 어지럽히는 등 고난과 시련을 주어서 분발하고 인내케 하여 그의 그릇과 능력을 더욱 키워 준다."

　탄허 스님의 이 말씀은 당시 힘든 상황 속에 있던 나에게 크나큰 용기와 힘을 주셨다. 지금까지도 《맹자》의 이 구절은 귀중한 생활 지표이자 교훈으로 내 가슴 속에 살아 있다.

　탄허 스님은 찾아오는 사람들이 누구든 신분의 고하를 막론하고 예의를 갖춰 따뜻하게 맞이하셨다. 부득이하게 대중 강연을 하실 때를 제외하고는 반드시 질문을 해야만 가르침을 주셨고, 기상천외한 질문에도 전광석화와 같이 정곡을 찌르는 답변을 하셨으며, 불교에 국한하지 않고 유교와 도교는 물론 동서양의 역사적 사례를 종행무진으로 구사하셔서 흥미를 돋우고 이해의 폭을 넓혀 주셨다.

　그래서인지 정치권과 유명 인사들이 끊임없이 탄허 스님을 찾아오거나 가르침을 청하였다. 기억하기로는 자타가 공인하는 천재 양주동 박사가 《장자》에 관한 가르침을 청하러 월정사에 며칠간 머무르다 가셨고, 함석헌 선생께서는 동양 사상에 대한 의문점을 해소하려고 아침 일찍 안암동에 있는 대원암에 자주 방문하셨다. 또 노태우 전 대통령이 수방사령관으로 있을 때는 관사로 탄허 스님을 초빙하기도 했다. 탄허 스님은 자신의 앞날과 역학에 대해 궁금해 하던 노태우 사령관에게 국가적 대임을 맡게 될 것을 전제로 말씀하시면서 "무엇보다도 한반도 분단의 고통 해소를 위해 남북 간 접촉과 대화가 중요성하다"는 점을 강조하셨다.

잊지 못할 나의 스승 탄허 스님을 감히 평한다면 출세간에 있어서는 대선사이자 대강사이시고, 세간에는 불세출의 경세가이시자 선각자셨다. 배움에 뜻을 둔 사람에게는 위대한 교육자이셨고, 괴로움에 허우적거리는 사람에게는 따뜻한 멘토셨다.

불교 근대사에서 경허 스님과 만공 스님이 만행을, 혜월 스님이 농사짓고 밭 매는 것을, 수월 스님이 짚신을 삼아서 지나가는 길손들에게 나누어 주는 것으로써 불교적 깨달음을 성숙시키는 보림의 방편으로 삼았다면 탄허 스님은 불경 번역과 후학 양성 그리고 중생고의 해결을 위한 끊임없는 정치적 멘토 역할로 보림의 방편으로 삼았다고 하겠다.

미래를 여는 지혜의 등불이 되다

혜거 스님(탄허불교문화재단 이사장·탄허기념박물관 관장)

"미래를 여는 지혜는 과거에서 찾아야 한다."

탄허 스님의 평생 화두를 한 문장으로 표현한다면 아마도 이렇게 정리할 수 있지 않을까 싶다.

지난 천고의 성자聖者들은 자아를 성취한 토대 위에서 미래의 세계를 연 개척자들이다. 대표적인 인물로 석가, 공자, 노자, 장자 등이 있다. 이들은 한 시대를 걱정하는 노파심에서 대중들이 범하기 쉬운 과오를 다시 반복하지 않도록 후세에 교훈을 남겨 준 예지자들이다.

이 예지자들 중 내게 가장 가까이서 미래를 여는 지혜의 길을 보여 주신 분이 바로 탄허 스님이다.

"먼저 자아의 성찰로 자신의 잘못을 점검하고 선善을 향해 최선을 다하는 수신修身으로 품격을 갖춘 후에 부처님의 가르침에 따라 나를 버리고, 더 나아가 철저하게 나의 인격과 공로를 버리고, 부족함이 없는 나를 깨달아 생사해탈의 경지에 이르러야 세상의 버팀목이 되어 나라와도 바꿀 수 없는 큰 그릇이 될 수 있다."

항상 제자들에게 이렇게 말씀하시던 탄허 스님께서 가신 지 어느덧

30년이 되었다.

　탄허 스님의 한 말씀 한 구절, 일거수일투족이 아련히 세상에 잊혀 가고 있는 지금, 한겨레출판(휴)에서 스님 말씀의 흔적을 한 권의 책으로 엮어 발간한다 하니 새삼 제자들의 무능함에 얼굴을 들 수 없다.

　내가 처음 스님을 뵌 것은 1959년 11월 28일, 출가를 결심하고 산천이 온통 폭설로 뒤덮인 적막한 태백산 자락에 위치한 영은사에 찾아갔을 때였다. 영은사 일주문 밖에 들려오는 스님들의 경 읽는 소리는 인간의 세계가 아닌 백옥동천白玉洞天의 별유천지別有天地 그대로였다. 한참을 서성이다 지객 스님의 안내로 큰스님을 뵈오니, 꼿꼿하면서도 온화하고, 엄하면서도 청아한 선풍도골의 풍모였다.

　지금도 하얀 눈이 가득 쌓인, 나지막한 초가 일소굴一笑窟에 홀로 앉아 계시던 탄허 스님 모습을 잊을 수가 없다. 50여 년이 지난 지금도 눈 내리는 날이면 당시의 탄허 스님 모습이 눈앞에 어른거린다.

　어찌 그 당시의 감회를 말로 다 표현할 수 있겠는가. 감히 비유하자면 지옥고에서 허덕이던 지옥 중생이 지장보살의 인도로 극락세계에 이르러 관세음보살을 친견할 때의 기쁨, 바로 그것이었다.

　출가 결심을 밝힌 내게 탄허 스님께서는 당시 이렇게 말씀하셨다.

　"출가는 큰 뜻이 있는 사람이 그 뜻을 이루기 위해서 하는 것이다. 만약 큰 뜻이 있거든 공부해 보라."

　이렇게 다짐을 받고서야 출가를 허락해 주셨다.

　당시 영은사는 그해 봄부터 이미 공부에 전념한 대중을 모아 간경결사看經結社를 진행 중이었다. 결사란 본래 염불 결사와 참선 결사 위주로 진행되어 왔는데, 간경 결사는 우리나라에서 영은사 결사가 처음이자 끝이었다.

　탄허 스님께서 보여 준 후학의 간경看經에 대한 배려는 당시 절집과 비교하자면 상상을 초월하는 것이었다. 공양주와 부목까지도 함께 공부하기 위해 아침 공양 지을 때, 점심 공양까지 한꺼번에 밥을 지어 공부에 결석하는 일이 없도록 3년간 찬밥으로 점심 공양을 때우셨다. 이런 다정한 모습은 제방諸方의 표본이 되어 탄허 스님을 보살의 화현化現이라 칭송받게 하였다.

　그 이듬해 여름 영은사에 49재를 모셨는데, 당시 재를 올리는 법도는 오후에 시작하여 밤에 저녁 예불을 마치고 경經을 읽고 이튿날 아침에 마쳤다. 그날 밤 다시 경을 읽는데 갑자기 큰 바람이 불어 문짝이 펄렁거리고 모든 호롱불이 일시에 꺼지자, 칠흑 같은 어둠속 바람소리 때문에 모든 대중이 우왕좌왕했다. 그런 와중에도 탄허 스님께서는 아무런 동요 없이 《금강경》을 마지막 구절까지 독송하셨다.

　유가의 경전 《서경書經》에 보면 순임금이 산천에 제사를 지내는 도중에 갑자기 수백리 진동하는 우렛소리에도 아무런 동요가 없어 요임금의 지위를 계승할 제왕으로 인정한 바 있다. 이는 외물에 흔들림이 없는 것을 높이 산 것이다. 탄허 스님의 경지 또한 이와 같은 맥락에서 이해할 수 있다.

　이와 더불어 탄허 스님께서 30여 년간 역경譯經을 통하여 15종 74책이라는 등신等身의 막대한 경전을 간행한 것 또한 외물에 흔들림이 없는 정신적 기조에서 비롯된 것이라 하겠다. 한 세대가 교차한다는 30여

년간 수많은 장애를 아무런 동요 없이 극복할 수 있었던 것은 이와 같은 법력이 있었기 때문에 가능했으리라. 나 역시 일생을 두고 《금강경》을 외우는 계기가 여기에서 비롯되었다.

한편 다음해에 월정사는 6·25전란에 전소되었던 사찰을 복원하기 시작했는데, 전소되었던 월정사 대웅전이 복원되어 상량식을 올린다는 소식을 듣고, 제방諸方의 큰 스님들께서 먼 길 마다않고 방문해 주셨다. 그분들 가운데 대웅전 상량식 전날 새벽 도량석을 해주신 춘성 큰스님께서는 대중들에게 공부다운 공부를 가르치시는 탄허 스님의 모습을 보면서 "월정사는 한국 불교의 미래가 열리는 곳이다"라 말씀하시고, 그 후로 탄허 스님을 만나기만 하면 춤을 추듯이 반기셨다.

상량식이 끝나고 얼마 지나지 않아 해인사 성철 큰스님께서 방문하여 탄허 스님의 처소인 방산굴方山窟에 보름 동안 함께 머무르셨다. 그런데 성철 스님은 말 한마디 하지 않고 그저 학인을 가르치시는 탄허 스님의 모습만 보고 돌아가셨다.

그 후로 단 한 번의 왕래도 없었지만 탄허 스님께서 입적하시자 다음과 같은 조사弔辭를 보내 오셨다.

화장세계의 큰 옥돌이요
방산의 밝은 달이어라
가슴속 툭 트임이여
창해에 파도 높고

신기로운 기를 헤아릴 수 없음이여
맑은 하늘에 벼락이 치는구나.
허!

활연관통豁然貫通의 흉금胸襟으로 항상 우둔한 사람임을 자임自任하면서 공부 자리가 아니면 가시지 않고, 공부가 아니면 말씀하시지 않았던 탄허 스님!

후학을 위해 일구신 모든 업적들은 이 세상의 버팀목이 될 인재들이 나오기를 염원하신 서원誓願에서 비롯된 것임을 이 책 속에서 눈여겨보아 준다면 못난 상좌로서의 부끄러운 마음에 다소 위안이 되지 않을까 생각한다.

차례

사진으로 보는 탄허 스님의 일생 • 4

책머리에_다언多言의 병 • 11

내가 만난 탄허 • 12

|1장|
예지_대한민국과 주변국의 미래를 보다

- 도道가 깊어지면 예지도 깨어난다 33
- '보통 사람과 다른 선견지명이 있다' 35
- 국난이 닥칠 것을 예지로 간파한 인물들 39
- 역사에도 인과응보가 있다 42
- 한반도가 세계 문제 해결의 열쇠를 쥐고 있다 44
- 대한민국과 주변국의 관계에도 음양의 이치가 작용하니 47
- 빙하가 녹고 일본 열도가 침몰하리라 50
- 동아시아가 세계사를 주도하리라 56
- 비책秘冊에 담긴 민족사의 수수께끼 58

|2장|
정치_지도자의 역량이 국운의 방향타

- 지도자가 신뢰받을 때 법法과 영令이 바로 선다 65

- 법과 형벌로 다스림은 하수의 정치다 · 67
- 탐심 있는 지도자를 경계하라 · 70
- 먹을 게 적은 것보다 공평하게 분배 못 하는 것을 걱정하라 · · · · · · 73
- 국가의 미래를 밤새워 고민하는 이들의 말에 귀 기울여라 · · · · · 75
- 나라의 운명, 지도자의 심성에 달려 있다 · · · · · · · · · · · · · · · · 77
- 국민을 위한 철학부터 갖추라 · 81
- 도덕을 숭상한 조상의 덕이 후세에 미치리라 · · · · · · · · · · · · · · 83
- 미래 사회를 준비할 도의적 인물이 절실하다 · · · · · · · · · · · · · · 86
- 국운이 트이는 시기, 무엇을 준비해야 할까 · · · · · · · · · · · · · · · 90

| 3장 |
철학_한 마음이 꿈을 일으키고 우주를 일으키니

- 술術은 도道가 아니다 · 95
- 아는 것보다 아는 것이 끊어진 각覺을 좇아야 · · · · · · · · · · · · · 98
- 죽어도 없어지지 않는 놈이 제일 오래 사는 놈이다 · · · · · · · · 101
- 마음은 우주의 본체 · 104
- 안목과 근기에 따라 수행법이 다르다 · · · · · · · · · · · · · · · · · · 109
- 꿈인 줄 알면 해결되는 지혜 · 112
- 성인은 성性의 자리, 범부는 정情의 마음자리 · · · · · · · · · · · · 114
- 생명이란 연緣을 만나 운행하게 되는 것 · · · · · · · · · · · · · · · · 117

- 무엇으로 평생의 도道를 삼을 것인가? ·········· 121
- 교리에도, 불립문자에도 집착하지 말라 ·········· 123
- 부처님은 오고가는 것이 없다 ·········· 126

| 4장 |

생사_태어난 이여, 죽음을 피할 길 없구나

- 참선 문에 들어서면 알음알이는 벗어 던져라 ·········· 131
- 예禮, 법法, 정情으로 살아가는 삶 ·········· 132
- 한마디 이르면 살고 그렇지 못하면 죽는다 ·········· 134
- 참선, 마음공부의 핵심 ·········· 136
- 근기에 따라 생사를 초월하는 방편들 ·········· 138
- 잘못된 수행법 ·········· 141
- 삶과 죽음의 문제를 자유로이 해결하는 법 ·········· 143
- 생사 문제를 해결한 선사들 ·········· 145
- 고요한 곳에서 도를 닦는 것은 시끄러운 데 쓰기 위함이다 ·········· 151
- 참되게 안다면 실행은 그 앎 가운데 있다 ·········· 152
- 교教와 선禪, 불교를 이끄는 두 개의 바퀴 ·········· 155
- 지知와 각覺, 앎과 아는 것이 끊어진 자리 ·········· 161
- 생사일여관에는 두려움이 없다 ·········· 168
- 생의 의미와 죽음의 초극 ·········· 172

| 5장 |

종교_3대 성인이 세상에 온 까닭을 아는가

- 자기 자신自信을 회복하는 길 · · · · · · · · · · · · · · · · · 177
- 종교는 바로 내 마음 · 180
- 천당 지옥의 유치원 법문이 생긴 까닭은 · · · · · · · · 184
- 시공이 끊어진 자리 · 186
- 우주 만유가 있는 그대로 평등하다 · · · · · · · · · · · · 188
- 구원받는 2가지 방법, 사참事懺과 이참理懺 · · · · · · · 191
- 인류의 소장성쇠는 불멸의 법칙 · · · · · · · · · · · · · · 194
- 화엄학의 가르침, 누구나 성불할 수 있다 · · · · · · · · 196
- 말세라도 정신을 차리면 도에 이른다 · · · · · · · · · · 199
- 자신이 바로 서지 않고서 누구를 선도하겠는가 · · · · 202
- 앞으로 다가올 미래, 종교의 교파를 넘다 · · · · · · · · 206

Q & A 탄허 스님에게 듣는다 • 213
탄허 스님의 연보 • 248

| 1장 |
예지_대한민국과 주변국의 미래를 보다

"도가 깊어지면 자연스럽게 예지 능력이 생길 수 있다.
낮짐승이나 동물들도 예지 본능을 가지고 있는데,
하물며 사람의 예지 본능이야 어떠하겠는가."

도道가 깊어지면 예지도 깨어난다

부처님은 기원전 479년 겨울, 인도 바이샬리 지방에 흩어져 있는 수행승들을 한자리에 모아 놓고 다음과 같은 유언을 했다.

"나는 지금부터 석 달 후에 입멸할 것이다."

부처님은 그 예언대로 그로부터 3개월 후에 입적했다.

일본 막부幕府 시대 중엽에 유명한 고승 백은白隱 선사는 1768년 12월 7일 주치의가 맥을 짚고 "이상 없습니다"라고 진단을 내리자 다음과 같이 말하며 크게 웃었다고 한다.

"3일 후에 죽을 사람의 죽음을 예견하지 못하는 것을 보면 당신도 명의는 아니구만!"

과연 3일 후 12월 10일 여든네 살의 고승 백은 선사는 뒷일을 제자에게 맡기고 11일 새벽 잠에서 깨면서 "음!" 하고 대성大聲을 내며 입적했다고 전해지고 있다.

또 중국의 마오쩌둥은 죽기 10개월 전인 1975년 12월 미 국무장관

헨리 키신저와 대담 자리에서 다음과 같이 자신의 죽음을 예언했다.

"저는 곧 상제上帝를 만나러 갑니다."

이처럼 종교인은 물론 다른 분야의 인물들도 자기 분야에 도道가 깊어지면 자연스럽게 예지 능력이 생길 수 있다.

심지어 하늘을 나는 새나 땅에 구멍을 파고 사는 동물들도 비가 오고 바람이 불 것을 미리 알아 움직인다. 개미가 높은 곳으로 올라가면 장마가 올 것을 예측할 수 있고, 낮은 곳으로 가면 심한 가뭄이 든다는 것을 우리는 알 수 있다. 까치가 집을 지을 때 남쪽으로 입구를 내면 북풍이 강하게 불 것이고, 북쪽으로 입구를 내면 남풍이 강하게 불 것이라 한다.

이렇게 날짐승이나 동물들도 예지 본능을 가지고 있는데, 하물며 사람의 예지 본능이야 어떠하겠는가. 자연의 섭리는 이토록 모든 생명체에게 예시라든가 예감, 예지 본능을 부여하고 있다. 그중에서도 만물의 영장인 인간의 예지 본능은 계발하면 할수록 무한대 능력을 발휘할 수 있다.

일반적으로 사회지식(매스컴)의 영향이나 학문적 성과나 정보를 통해서 어떤 예감 같은 것이 인간에게 작용할 수 있다. 하지만 나의 예감은 이런 것들과는 무관하며 차원이 다르다.

'보통 사람과 다른
선경지명이 있다'

한반도는 러시아, 일본, 미국, 중국 등 강대국에 인접한 유일무이한 나라로, 역사적으로 이해관계의 작용이 가장 많았던 지역이다.

실정이 이러한 탓에 4대 강국의 이해관계가 어떻게 전개될 것이며, 이들의 상관관계가 우리나라에 어떤 영향을 미치게 될지 내게 질문하는 사람들이 많다.

하지만 이 질문은 대상을 잘못 잡은 듯하다. 질문하지 않아야 할 사람에게 물은 것이다. 이런 질문은 나보다는 정치적·사회적 안목을 가지고 논리적으로 이 분야를 연구하는 사람들에게 물어야 할 것이다.

대신 산중에서 수도에 전념하고 있는 처지에 맞게 세상 사람들의 관심 밖에 있는 것들에 대해 이야기해 보려 한다. 예를 들면 1백 년 후 인류와 지구의 미래가 어떤 변화를 겪을 것이며, 그 결과가 어떻게 될 것인지에 대한 이야기다.

그렇다고 내 관측이 백퍼센트 맞느냐, 그것은 알 수 없다. 맞는지 안 맞는지는 그때 가 봐야 알 수 있다. 원래 예언이나 예지라는 것이 현재에서 미래를 말한 것이기 때문에 그때가 되어야만 알 수 있어 바로 검증해 줄 수 있는 것은 아니다. 다만 개인적인 경험담을 몇 가지 소개함으로써 예지에 대한 이해를 돕고자 한다.

6·25 동란이 일어나기 1년 전인 1949년, 당시 나는 오대산에서 한말韓末 이래로 가장 존경받던 고승 한암漢岩 스님을 모시고 수도생

활을 하고 있었다.

그전까지는 한암 스님을 10년 이상 모신 상좌上座가 없었는데 황송하게도 나는 22년을 모셨다. 한암 스님께 가르침을 받으면서 존경하는 마음은 날로 더해 갔다.

기축년己丑年인 1949년 어느 날, 개미 떼가 자기들끼리 싸움을 해서 법당과 중대 뜰에 수백 마리씩 죽어 있는 것을 보았다. 그때 난亂을 예감했다.

'남북 간에 큰 싸움이 벌어지겠구나!'

하늘은 하늘의 상象을 보이고, 땅은 땅의 상을 보이고, 꼭 사람의 상만 보는 것이 관상이 아니다. 짐승들도 지진을 예지하는데, 하물며 그런 큰 난리는 다 미리 조짐을 보이는 것이다. 그동안 공부를 통하여 얻은 역학 원리易學原理로 분석해 보니 곧 난이 일어날 게 틀림없었다. 그러니 일단 어려운 상황을 피하자는 생각이었다.

"스님, 오대산을 떠나 남행南行을 하시는 게 좋겠습니다."

한암 스님께 말씀드렸다. 그러나 한암 스님은 30년 이상을 살아온 오대산을 떠날 수 없다며 완강하게 거절하셨다.

당시 내 나이 서른네 살, 인생에서 가장 혈기왕성한 시기여서 어떻게든 남행을 관철시키려고 애썼다. 더욱이 당시 스물셋, 스물넷이었던 젊은 상좌들의 장래를 위해서라도 앞으로 닥칠 난을 피해 오대산을 떠나려는 결심을 굳혔다.

내 결심이 굳건하다는 사실을 안 한암 스님은 어쩔 수 없이 남행을 허락하고, 양산 통도사 백련암으로 가서 먼저 자리를 잡고 기다리라고 하셨다. 한암 스님의 허락이 떨어지자마자 오대산의 중대암에 기거하다가 3일 만에 짐을 챙겨 몇몇 상좌와 함께 남쪽으로 길을 떠났다.

기축년己丑年 봄, 통도사 백련암에 도착했다. 그런데 당시 통도사 주지는 우리에게 암자를 내줄 수 없다고 했다. 한암 스님께서 곧 오실 것이라는 말로 겨우 암자를 얻어 머물 수 있었다.

그러나 한암 스님은 끝내 백련암에 오시지 않았다. 30년 이상을 오대산에 머무르셨으니 움직이지 않겠다고 하신 그분의 결의 또한 대단한 것이었다. 여든 살의 고령이었던 한암 스님은 오대산에서 6·25 동란을 고스란히 겪으셨다.

그때 상원사를 불태우려고 군인들이 들이닥쳤는데, 한암 스님은 가사 장삼을 갖춰 입으시고 법당에 의연히 앉아 그대로 태우라고 단호히 말씀하셨다. 노승의 의연함에 놀란 군인들이 차마 불태우지 못하고 떠난 것은 널리 알려진 일이다. 한암 스님은 1·4 후퇴 무렵에야 오대산을 떠나 천리가 넘는 남행길을 선택했고, 그 과정에서 겪은 고생은 말로 다 표현할 수 없을 정도였다.

또 다른 일을 이야기하자면 어느 해인가 동해안을 통해서 울진·삼척 지방에 공비 120여 명이 침투한 일이 있었다. 당시 나는 월정사의 한 암자에서 《신화엄경합론新華嚴經合論》을 번역하고 있었는데, 어떤 직감에 의해 공비 침투가 있기 한 달 전에 장서藏書와 번역 원고들을 모두 삼척 영은사靈隱寺로 옮겨 두었다.

갑자기 짐을 몽땅 싸서 다른 곳으로 옮기자, 도대체 무슨 일인가 하고 사람들이 의아해하며 작은 소동이 일었다. 그때 나는 다음과 같은 말로 사람들을 안심시켰다.

"몸은 떠나지만 마음은 여기 있다. 아무것도 걱정하지 마라."

《신화엄경합론》 번역 원고들을 모두 옮기고 난 후 15일 만에 울진과 삼척 지역에 공비 침투 사건이 발생했다. 당시 거의 모든 공비가 소탕되었지만, 일부 남은 공비들이 험준하기 이를 데 없는 오대산으로 도주했다. 그 바람에 월정사를 중심으로 오대산 일대에 소탕작전이 벌어졌다. 이때 공비들을 소탕하기 위해서 동원된 군대가 얼마였는지 정확히 알 수는 없지만, 하필이면 군단 사령부가 월정사에 소탕작전 본부를 설치했다.

그동안 나는 강릉에서 한달가량 머물다가 공비 소탕작전이 끝난 다음 월정사 암자로 돌아왔다.

그런데 내가 살던 암자 주변에 사방으로 참호를 파 놓아 암자는 완전히 폐허 상태였다. 만약 그때 필생의 노력과 심혈을 기울여 온 《신화엄경합론》 번역 원고들을 다른 장소로 옮겨 놓지 않았더라면 이 번역은 빛을 보지 못했을 것이다. 그때를 생각하면 지금도 아찔하다.

당시 강원도 지방의 여러 유지有志들은 나를 가리켜 다음과 같이 말하곤 했다.

"탄허 스님에게는 보통 사람들은 알지 못하는 어떤 선견지명이 있는 것 같다."

국난이 닥칠 것을
예지로 간파한 인물들

우리 조상들 중에는 대국난이 닥쳐 올 것을 예견한 선지자가 많았다. 대표적인 인물이 임진왜란 때 이토정李土亭이나 남사고南師古와 같은 철인들이다. 이들 말고도 정치 지도자 중에 이율곡 선생 같은 분들이 있는데, 이들은 국운을 미리 내다보고 대책을 세웠다.

임진왜란 이전 기록에 따르면 우리나라에는 훌륭한 인재들이 무수히 많았으며, 그들은 자신의 예지 본능으로 닥쳐 올 국란을 예견하고 그 대책에 부심했다고 한다.

임진왜란 때도 마찬가지였다. 당시 조정은 당쟁으로 주전파主戰派와 화의파和議派로 갈라져 국론이 분열되어 있었다. 그런 중에도 정치적·군사적 대비책을 서둘러 세워야 한다는 정치 지도자나 철인들이 많이 있었다.

대표적인 인물로 조선 중기의 학자, 남사고를 들 수 있다. 그는 강원도 태생으로 풍수·천문·복서卜筮·상법相法 할 것 없이 세상에 알려지지 않은 비법을 모두 통달한 사람이었다. 그가 예견한 내용 중 맞지 않은 것이 없었는데, 명종 말년에 그는 다음과 같은 예언을 했다.

"머지않아 조정에는 당파가 생기겠고, 또 오래지 않아 왜변倭變이 일어나리라. 그런데 만약 진년辰年에 일어나면 오히려 구할 길이 있지만 사년巳年에 일어나면 구하기 어려우리라. 사직동에 왕기王氣가 있으니, 마땅히 나라를 태평케 할 임금이 거기서 나오리라."

남사고의 예언은 그대로 들어맞았다. 조정에는 을해년乙亥年부터 당파가 생겼고, 왜란은 임진년壬辰年에 일어났으며, 조선 제14대 왕 선조는 사직동 잠저潛邸에서 들어와 대통大統을 이었던 것이다.

이러한 단순한 예언과는 달리, 당시 나라의 지도자 가운데 대조적인 행보를 보인 두 사람의 일화를 통해 예지의 근거를 좀 더 살펴볼 수 있다.

선조 때 화의파和議派로서 영의정이었던 유성룡보다 앞서 영의정을 지낸 동고東皐 대감이란 인물이 있었다. 그는 왜란 전에 자리에서 물러나 하야下野했다. 이토정 등과 교분이 두터웠는데, 그 자신도 역학 등의 전통 학문에 밝아 왜란이 닥쳐올 것을 예지하고 있었다.

하야 후에 동고 대감은 자기 집 청지기 딸을 중매해서 어느 거지[異人]와 혼인시켰다. 동고 대감이 그 거지를 눈여겨본 것은 자신의 유지有志를 친아들보다 더 잘 받들 것 같았기 때문이다. 그가 오래지 않아 세상을 떠나면서 두 아들에게 다음과 같은 유언을 했다.

"내가 죽은 뒤에는 청지기 딸의 남편[異人] 말에 무조건 따르라."

동고 대감이 죽자 청지기 딸의 남편은 몇 차례에 걸쳐 동고 대감의 두 아들에게 재산을 요구했다. 그들은 괘씸하게 여겼지만, 아버지의 유언을 어길 수 없어 전 재산을 대부분 내주었다. 그러나 그 재산을 어디에 쓰는지는 도무지 알지를 못했다.

그러던 중 왜란이 일어났다. 이때 청지기 딸의 남편이 나타나 동고 대감의 두 아들에게 말했다.

"피난을 떠나시는 게 좋겠습니다."

동고 대감의 두 아들은 그의 말을 무조건 따르라던 아버지의 유언이 떠올라 어쩔 수 없이 그를 따라 피난을 갔는데, 지금의 청송이었다. 그곳에 도착한 동고 대감의 두 아들은 깜짝 놀랐다. 청지기 딸의 남편은 두 아들이 전에 기거하던 집과 똑같은 집을 장만해 놓고, 전답도 똑같은 면적으로 준비해 놓았던 것이다.

이 일화에서 앞날을 내다본 동고 대감의 예지력을 알 수가 있다. 그런데 아쉬운 점은 닥쳐올 국란을 알면서도 국가와 백성을 위해 나라의 위기에 대처하는 대책을 내놓기는커녕 오직 일족의 호신護身만을 염려하여 이와 같이 행동했다는 점이다. 그가 임금을 위해서 한 일이라고는 지금 자하문 근처의 성벽에 비상구 하나를 더 만들어 선조가 그 문을 통하여 피난길에 오르도록 했던 것밖에 없다.

이와는 대조적인 인물이 율곡 이이다. 그는 십만양병설을 주장하다가 당쟁으로 쫓겨났다. 그는 정치 지도자로서의 경륜뿐만 아니라 역학에도 밝아, 닥쳐올 대란을 미리 알고 십만양병설을 주장했으나 끝내는 소인들의 어리석은 반격으로 야인野人이 되었다.

그 후 율곡 이이는 임진강 연안에 정자를 지어 놓았다. 이 또한 앞날을 내다본 일이었다. 선조가 의주 피난길에 올랐을 당시 임진강 연안에 이르러 어둠 때문에 지척을 분간하지 못할 때 이 정자에 불을 질러 길을 밝히고 강을 무사히 건널 수 있게 했다.

율곡 이이는 대란을 예견하고 미리 난에 대처할 준비를 해야 한다고 줄기차게 주장했다. 자기의 안위는 아랑곳없이 자신의 직위를 걸고 최선을 다했던 것이다. 또한 비록 난을 피할 수는 없더라도 위기의 순간에 선조가 목숨을 구할 수 있도록 차선의 준비까지도 해 둔 것이다.

역사에도 인과응보가 있다

동아시아에서 주된 세력을 형성하는 한국, 중국, 일본 민족은 동양 사상을 구축한 요체로서 역학의 원리를 새겨 볼 만하다.

이 관점에서 한국, 중국, 일본 세 민족의 장단점을 들어 동양 사상의 형성 과정이나 동아시아의 문화 문명에 어떤 역할을 해왔고, 앞으로 동아시아의 미래가 어떻게 전개될지 살펴보자.

불교에는 인과응보因果應報의 원리가 있다. 즉 '모든 일에는 원인이 있으면 반드시 결과가 있다'는 인과법칙이다. 이것은 조상의 죄과罪過를 후손이 치른다는 유교의 권선징악 원리와 일맥상통한다. 동양 사상에 있어 대표적 사상인 유교, 불교, 선교(도교)는 이런 점에서 공통점을 가지고 있다.

내가 역사를 보는 시각도 이와 크게 다르지 않다. 나는 역사 진화 과정을 유교, 불교, 선교의 동양 사상을 중심으로 파악하고 있으며, 그렇기 때문에 일반 역사학자들과는 달리 과거의 역사보다는 미래에 좀 더 관심을 가지고 있다.

예컨대, 대부분의 사학자들은 정사正史로 밝혀진 내용 위주로 이야기한다. 즉 세계 역사에서 중국을 동아시아 문명의 발상지로 보는 것이 정설이다. 이를테면 중국에서 문명이 발생해서 우리나라로 전파되었고, 여기에서 다시 일본으로 전해졌다는 시각이다. 또한 일본이 제일 늦게 동양의 전통 문화권에 들어갔지만, 현실적으로는 동양 문화의 세계성을 가장 잘 실현하고 발휘할 가능성이 높다는 것이다.

그러나 여러 가지를 근거로 예측해 본다면 미래 역사에서 일본은 가장 불행한 나라가 될 것이다. 왜냐하면 일본의 선조들이 저지른 죄악에 대한 결과가 미래에 분명히 작용할 것이기 때문이다.

가까운 사례로 우리나라와 일본의 관계를 역사적으로 살펴보자. 일본은 지난 5백 년 동안 무려 49차례나 우리나라를 침략했다. 만약 임진왜란 때 천운이 우리 편이 되어 주지 않았다면 세력으로만 보자면 일본에게 우리 땅을 열 번도 더 빼앗겼을 것이다. 수차례 왜군의 침략으로 삼남三南은 쑥대밭이 되었고, 결국 함경도까지 함락되면서도 나라를 완전히 빼앗기지 않을 수 있었던 것은 당시 우리나라의 국운 덕분이었다. 즉 우리 선조들이 수많은 역경 속에서도 동양의 전통적 가치를 지키며 남을 해칠 줄 모르고 살아온 것이 결국은 우리나라의 미래를 밝히는 중요한 원인이 되었다. 이것이 바로 동양 사상의 근본 원리인 인과법칙이자 인과응보이며 우주의 법칙이다. 이것을 역학의 원리로 풀이해 보면 다음과 같다.

《주역》의 팔괘에서 우리나라는 '간방艮方'에 위치해 있다. 《주역》에서 '간艮'은 사람에 비유하면 '소남小男'이다. 이것을 나무에 비유하면 열매다. 열매는 시종始終을 가지고 있다. 여기서 소남을 풀이하

■ 탄허록

면 '소년少年'이라 할 수 있는데, 소년은 시종을 가지고 있다. 왜냐하면 소년은 청산靑山이면서, 아버지 입장에서는 결실이기 때문이다. 소년이 다시 시작되면 성장하여 언젠가는 아버지가 된다. 열매는 결실 전 뿌리에 거름을 주어야 효과가 있고, 일단 맺게 되면 자기를 낳아 준, 다시 말해 열매를 만들어 준 뿌리와 가지의 말을 듣지 않는다. 오히려 열매는 뿌리를 향하여 자기의 말을 들어야 한다고 주장한다. 이것이 바로 '간艮'의 원리이자 소남의 해석이며 시종의 논리다.

《주역》을 지리학상으로 전개해 보면 우리나라는 간방에 해당되는데 지금 역의 진행 원리로 보면 이 간방의 위치에 간도수(艮度數; 《주역》에서 인간과 자연과 문명의 추수 정신을 말함)가 비치고 있다. 이 간도수는 이미 1900년 초부터 시작되었다.

한반도가 세계 문제 해결의 열쇠를 쥐고 있다

4·19혁명은 청년학생(소남)의 궐기로 이승만 정권(아버지)을 무너뜨렸는데, 이렇게 청년학생의 힘으로 정권이 붕괴된 일은 세계사에서 그 유례를 찾아보기 힘들다.

4·19혁명의 영향으로 전 세계 여러 곳에서 학생들의 봉기 운동이 일어나 유행처럼 번져 나갔으며, 그 결과 선진국에서 '스튜던트 파워'를 형성하였다.

소남인 우리나라의 수많은 청년학생이 자유당 정권을 붕괴시킨 것은 새로운 역사의 시작을 알린 것이라고 볼 수 있다. 어두운 역사가 종결되고 그 자리에서 새로운 역사가 시작된 것이다.

이상의 원리로 볼 때 소남은 시종始終을 내포하고 있으므로 간방에 간도수가 접합됨으로써 어두운 역사는 끝을 맺게 되고, 이제 새로운 역사가 시작될 수밖에 없으며, 인류 역사의 시종이 지구의 주축主軸 부분에 위치한 우리 땅에서 이루어지게 될 것이다. 여기에서 인류 역사의 종결이라고 한 것은 그 안에 새로운 인류 역사의 시작을 포함하고 있는 것이다.

이러한 현상을 보더라도 이미 1백 년 전부터 하나의 결실시대가 시작되었으며, 역학의 원리는 오래 전부터 이것을 증명해 주고 있다.

결국 시종을 함께 포함한 간방의 소남인 우리나라에 이미 간도수가 와 있기 때문에 전 세계의 문제가 우리나라를 중심으로 시작하고 끝을 맺게 될 것이다.

구체적인 예로 우리나라의 남북 분단과 통일 문제를 살펴보자. 전체 인류사적 관점에서 보면 작고 사소한 문제처럼 보이지만, 이 문제야말로 오늘날 국제 정치의 가장 큰 쟁점이며, 한반도 문제 해결이 곧 세계 문제 해결로 직결됨을 알아야 할 것이다.

남과 북으로 분단되어 있는 현상은 곧 지구의 남극과 북극의 상대적인 현상을 상징적으로 보여 준다고 하겠다. 지구에 남극과 북극은 있지만 서극과 동극은 없지 않은가. 이는 지난 세기에 있었던 동서의 문제가 바로 역사의 결실기를 맞아 남북의 문제, 즉 지구의 표상인 남극과 북국의 상대적인 현상과 닮아 가고 있음을 의미한다.

간방인 우리나라에 간방의 역할을 해낼 수 있는 간도수가 와 있다. 소남인 청년학생들의 역사적인 출발점이 시작되기 15년 전(1975년 기준)부터 세계는 그동안 해결되지 못한 오랜 문제들을 서서히 청산해 가고 있다.

이렇게 볼 때 우리나라에는 서광이 비치고 있으며 희망찬 미래를 약속받았다고 할 수 있다. 물론 우리나라가 안고 있는 여러 난제들, 예를 들면 남북 분단, 경제적 양극화, 세대 간 갈등, 급속한 변화로 인한 가치관의 충돌 등 수많은 문제가 산적해 있음을 부인하지 않는다.

그러나 5천 년 동안 고난과 역경 속에서 살아온 우리 민족의 불행한 역사는 머지않아 종결될 것이다.

역시 역학의 원리로 본다면 오늘날 우리나라가 당면하고 있는 어려운 문제들도 일시적인 것이라 할 수 있다. 과거 일본이 우리나라를 36년 동안 강점할 당시 그들은 일본 황궁皇宮을 한반도로 옮기려고 궁터까지 마련한 적이 있었다. 또한 영구히 일본 본토로 만들기 위해 우리 민족의 대부분을 만주 등으로 이전시킬 계획을 세웠다. 그러나 36년이라는 일시적 강점 시대는 제2차 세계대전의 결과로 끝이 났다.

일본의 식민지 통치가 일시적 현상으로 끝났듯이 우리나라의 남북 분단 문제 또한 그러할 것이다. 물론 위정자나 학자들이 남북 분단 문제를 민주적으로 해결하기 위해서 노력 중이라는 사실을 부정하지는 않는다. 그리고 이러한 노력은 앞으로도 멈추지 말고 계속되어야 할 것이다.

그러나 인간이 아무리 노력을 해도 천륜天倫의 법칙에는 당할 수가 없다. 인간이 자연에 아무리 강력하게 도전한다 해도 결코 자연을 완전히 정복할 수 없듯이 말이다. 이것은 오늘날 우리가 마주하고 있는 추세가 아닌가.

오늘날 서구의 몰락을 살펴보자. 지금 그들은 서구 문명의 한계를 스스로 드러내고 있다. 그러면서 우리나라를 비롯한 동양 사상과 동양 문화에서 해결책을 찾으려는 노력이 날로 커지고, 그 필요성도 점차 증대되어 가고 있는 실정이다.

결국 머지않아 통일을 위한 우리의 모든 노력에 하늘의 섭리가 필연적으로 작용할 것이다.

대한민국과 주변국의 관계에도 음양의 이치가 작용하니

우리나라와 미국과의 관계는 앞으로 어떻게 전개될까? 8·15 광복은 미국의 힘이 크게 작용했는데, 이것은 일본의 진주만 공격, 미국의 제2차 세계대전 참전 등 여러 각도에서 설명할 수 있다.

하지만 미국이 우리나라를 일본으로부터 독립시킨 것은 알다시피 우리나라만을 위한 것은 아니었다. 미국이 일본을 항복시키고 결과적으로 대한민국의 독립을 도왔다는 것은 역학으로 풀이하면 너무나 당연한 결과이자 우주의 필연적인 원리이기도 하다.

역학에서 '소남小男'과 '소녀小女', '장남長男'과 '장녀長女', '중남中男'

과 '중녀中女'는 서로 음양陰陽으로 천생연분의 찰떡궁합의 배합配合이다.

미국은 역학에서 '태방兌方'이며 '소녀'다. 이 소녀는 소남인 우리나라와 가까워질 수밖에 없었고, 그런 까닭에 해방 이후 정통적인 합법 정부를 수립한 우리나라가 미국을 제일의 우방으로 삼게 된 것도 결코 우연은 아니다.

미국은 우리나라가 일본으로부터 해방되는 데 결정적인 역할을 했을 뿐만 아니라 우리나라의 건국을 도왔고, 6·25 동란이 일어났을 때에는 함께 전선戰線에서 피를 흘린 맹방盟邦이 되었으며, 전후에는 수많은 원조를 아끼지 않았다. 물론 그 원조 속에는 미국의 국가적 이익도 포함되어 있을 것이다.

정치적 이익관계를 떠나서 우주의 원리에서 본다면 미국은 소녀이자 부인婦人으로 풀이된다. 미국이 우리나라에 도움을 준 것은 마치 아내가 남편을 내조하는 것과 같아 결과적으로 남편의 성공을 드러내게 된 것이다.

역학의 원리에 따라 우리나라와 중국의 관계 그리고 동남아시아의 현상과 장래를 살펴보면 다음과 같다.

《주역》에서 중국은 '진방震方'이요, '장남'이다. 장남은 노총각을 뜻한다. 소녀인 미국과 장남인 중국은 후천後天의 원리에 의해서 한동안은 관계가 지속되겠지만 그리 오래 가지는 못한다.

역학적으로 보면 중·소 전쟁이 일어날 가능성이 상당히 높다. 구소련은 '감방坎方'이면서 동시에 '중남'이다. 장남인 중국과 중남인 구소련은 같은 양陽이므로 서로 조화를 이룰 수 없고 대립할 수밖에 없다.

이러한 원리는 구소련과 월남(베트남)의 관계, 미국과 월남의 관계에서도 알 수 있다. 월남의 공산화 이후 월맹과 월남 모두 중국보다는 소련과 훨씬 더 우호적인 관계를 유지하고 있었는데, 이것은 월남이 '중녀'로서 중남인 구소련과 음양의 조화를 이루었기 때문이다.

여기에서 미국과 월남전에 대해 짚고 넘어가자.

나는 이미 오래 전에 미국이 월남전에 개입을 확대해 나가자, 미국은 월남에서 망신만 당하고 물러나게 될 것이라고 말한 적이 있다. 하지만 함께 이 주제에 대해 이야기를 나누던 행원 스님(화계사 조실 숭산 스님; 미국으로 건너가 우리나라 불교 포교에 힘씀)은 당시 내 견해에 의구심을 가지고 반문했다.

"미국이 가지고 있는 핵무기 하나면 월남은 꼼짝 못할 것 아닙니까?"

그러다 3년 후 일본에 갔을 때 그곳에서 행원 스님을 다시 만났는데, 그때 내 예언이 어쩌면 그렇게 적중할 수 있느냐고 놀라워했다.

역학의 원리로 보았을 때 미국이 베트남 전쟁에 개입하면 실패할 수밖에 없다. 역학의 오행으로 보더라도 월맹은 '이방離方'인 남쪽으로, 이것은 '화火'로 풀이된다. 반면 미국은 태방兌方으로 '금金'인데, '금'이 불[火]에 들어가면 녹을 수밖에 없다. 이것은 '화극금火克金'의 원리다.

그러나 미국이라는 금덩어리가 워낙 크다 보니 다 녹은 것은 아니지만 어쨌든 손해를 본 것은 사실이다. 역학적으로 미국은 소녀少女, 월남은 중녀中女다. 두 나라가 음陰이어서 서로 조화를 이룰 수는 없는 것이다.

이러한 원리로 나는 미국의 국력이 제아무리 막강하더라도 월남전에서 패배할 수밖에 없음을 예견할 수 있었다.

앞서 언급했지만 우리나라는 간방에 위치해 있으며, 지금은 결실의 시대로 진입해 있다. 결실을 맺으려면 꽃잎이 져야 하고, 꽃잎이 지려면 금풍(金風: 여름의 꽃이 피어서 열매를 맺게 하려면 가을의 차가운 기운이 있어야 한다. 가을은 '금' 기운의 상징이고 방위는 서쪽임)이 불어야 한다.

이때 금풍이란 서방西方 바람을 말하는데, 이 바람은 우리나라에 불기 시작한 이른바 미국 바람이다. 금풍인 미국 바람이 불어야만 꽃잎이 떨어지고 열매가 맺는 가을철인 결실의 시대를 맞이할 수 있다. 이것은 우리나라가 미국의 도움으로 인류사의 열매를 맺고 세계사의 새로운 시작을 열게 된다는 것을 의미한다.

여기서 주의해야 할 점은 앞서 설명한 역학의 원리는 우리나라와 강대국과의 관계를 음양의 이치로 설명한 것이지, 이 역학의 원리에만 매달려서는 안 된다는 사실이다. 역학의 원리를 이해한 다음에는 우리 스스로 더 성장하기 위해 부단히 노력해야 한다. 이 사실을 명심해야 할 것이다.

빙하가 녹고 일본 열도가 침몰하리라

프랑스의 예언가 노스트라다무스의 예언이 책으로 나와 전 세계적으로 큰 반향을 일으킨 적이 있다. 그 예언에 따르면 지구는 파멸적인 전쟁, 지진 그리고 홍수로 인해 1999년 7월에 멸망할 것이라고 적혀 있다.

이러한 최후의 심판에 대한 이야기는 처음 있는 것이 아니다. 기독교의 말세론은 2천 년 전부터 꾸준히 전해져 왔다. 이러한 미래에 대한 예언은 서양 종교에서 그 기원을 찾아볼 수 있다. 그러나 동양의 역학 원리에 따르면 이미 6천 년 전에 복희팔괘伏羲八卦로 천天의 이치를 밝혔고, 3천 년 전에 문왕팔괘로 지상생활地上生活에서의 인간절의人間節義의 이치를 밝혀 오늘에 이르고 있다. 더 나아가 약 1백 년 전에 미래역未來易으로 밝혀진 정역正易의 이치는 후천으로 자연계와 인간의 앞날을 소상히 예견해 주고 있다.

서양 종교의 예언은 인류 종말을 말해 주고 예수의 재림으로 이어지지만, 정역의 원리는 후천 세계의 자연계가 어떻게 운행될 것인가, 인류는 어떻게 심판받고 부조리 없는 세계에서 얼마만한 땅에 어느 정도의 인구가 살 것인가를 알려 주고 있다.

미국의 어느 과학자는 25년 내에 북빙하北氷河가 완전히 녹을 것이라고 이야기한 적이 있다(1980년 〈경향신문〉과의 대담 중). 북빙하의 해빙으로부터 시작되는 정역 시대는 '이천·칠지二天·七地'의 이치 때문이다. 《성경》에 따르면 말세末世의 세계는 불로써 심판을 받을 것이라고 되어 있고, 그때는 아기 가진 여자가 위험하니 집밖에 나가 있으라고 쓰여 있다. 이것은 곧 지진에 의하여 집이 무너진다는 말이다. 여기에 열거한 사례들은 지구의 종말에 대하여 어느 지점에서 일치하는 점이 있다.

그렇다면 북빙하의 빙산이 완전히 녹으면 어떤 일이 일어날까? 다음과 같은 일이 예상된다.

첫째, 대양大洋의 물이 불어서 하루에 440리의 속도로 흘러내려 일본과 아시아 국가들을 휩쓸고 해안 지방이 수면에 잠기게 될 것이다. 들리는 이야기로는 미국 캘리포니아 서부 해안이 점차 가라앉고 있으며, 바닷물이 강으로 역류하는 현상이 관찰되고 있는데, 이것은 북빙하의 빙산이 녹아서 물이 불어나고 있다는 증거이기도 하다.

또한 이제까지 지구의 주축主軸은 23도 7분이 기울어져 있었는데, 이것은 지구가 아직도 미성숙 단계에 있다는 것을 말하며, 4년마다 윤달과 윤날이 있게 하는 원인이기도 하다.

과학자들의 보고에 의하면 1890년 이래로 지구의 기온은 상승하고 있다고 한다. 역학의 이천 칠지에 의하면 지축地軸 속의 불기운(火氣)이 지구의 북극으로 들어가서 북극에 있는 빙산을 녹이고 있다는 것이다.

이러한 현상은 북빙하에서 눈에 띄게 나타나고 있다. 이미 10여년 전부터 미국의 노티러스 원자력 잠수함이 북빙하의 얼음 밑을 통과해서 단숨에 아이슬란드로부터 구소련의 백해白海로 빠져나가고 있다는 사실이 해빙解氷을 증명하고 있다(1975년 국방대학원 장화수 교수와의 대담 중).

또 어떤 사람들은 지구의 기온이 점차 하강하고 있으며 새로운 빙하의 시대가 올 것이라고도 하는데, 이들이 다 같이 지구의 변화를 입증해 주고 있다.

둘째, 소규모 전쟁들이 계속 일어날 것이다. 그러나 인류를 파멸시킬 세계 전쟁은 일어나지 않고 지진에 의한 자동적 핵폭발이 있게 되는데, 이때는 핵보유국들이 말할 수 없는 피해를 입게 될 것이다. 남을 죽이려고 하는 자는 먼저 죽고, 남을 살리려고 하면 자신도 살고 남도 사는 법이다. 수소탄을 막을 수 있는 것은 민중의 맨주먹뿐이다. 왜냐하면 오행五行의 원리에서 '토극수土克水'를 함으로써 민중의 시대가 핵의 시대를 대치해서 이를 제압할 것이기 때문이다.

셋째, 비극적인 인류의 운명인데, 이는 세계 인구의 60퍼센트 내지 70퍼센트가 소멸된다는 것이다. 이중 수많은 사람이 놀라서 죽게 되는데, 정역 이론에 따르면 이때 놀라지 말라는 교훈이 있다. 앞에서도 언급한 바 있지만, 이때는 일본 영토의 3분의 2가 침몰할 것이고, 중국 본토와 극동의 몇몇 나라들이 피해를 입게 되는데, 이러한 조짐은 이미 나타나고 있다.

1970년대에 우리나라에 강도强度 1도에서 2도가량의 지진이 있었을 때, 미국의 지질학자가 관측한 바에 의하면 중국 대륙에는 7도에서 8도가량의 지진이 있었다고 한다.

중국 당국의 공식적인 발표가 없었기 때문에 그 피해 정도는 정확히 확인할 수 없지만, 북한의 김일성이 위로 전문을 보낼 정도로 피해가 극심했음에는 틀림없다. 우리나라는 동남 해안 쪽 1백 리의 땅이 피해를 입겠지만 우리나라 영토는 서부 해안 쪽으로 약 2배 이상의 땅이 융기해 늘어날 것이다.

넷째, 파멸의 시기에 우리나라는 가장 적은 피해를 입을 것이다. 그 이유는 한반도가 지구의 주축主軸 부분에 위치하기 때문이다. 정역 이론에 따르면 우리나라는 지구 중심 부분에 있고 '간태艮兌'가 축軸이 된다고 한다. 일제시대 일본의 유키사와行澤 박사는 계룡산이 지구의 축이라고 밝힌 적이 있다.

과거에 우리 민족은 수많은 외국의 침략과 압제 속에서 살아왔으며, 역사적으로 빈곤과 역경을 겪어야 했다. 그러나 앞으로 펼쳐질 후천시대에는 한반도의 미래가 매우 밝다고 하겠다.

분명히 말하지만 우리는 이 정역 시대正易時代에 태어났음에 감사해야 한다. 오래지 않아 우리나라에는 위대한 인물들이 나와서 분단된 조국을 통일하고, 평화로운 국가를 건설할 것이다. 또한 모든 국내 문제를 해결하고 우리나라의 국위를 선양할 것이다. 우리나라의 새로운 문화는 다른 여러 나라의 귀감이 될 것이며 전 세계로 전파될 것이다.

중·러 전쟁과 중국 본토의 균열로 인해 만주와 요동 일부가 우리 영토에 편입되고, 일본은 독립을 유지하기에도 너무 작은 영토밖에 남지 않기 때문에 우리나라의 영향권 내에 들어오게 되며, 한·미 관계는 더욱 더 밀접해질 것이다.

이러한 대변화의 시기를 세계의 멸망기라고 말할 수는 없을 것이다. 오히려 정역의 시대는 지구의 멸망이 아니라 성숙기라 할 수 있다. 결국 복희팔괘는 천도天道를 밝혔고, 또 문왕팔괘는 인도人道를 밝혔으며, 정역팔괘正易八卦는 지도地道를 밝힌 셈이다. 특히 정역팔괘는 후천팔괘後天八卦로서 미래역未來易이므로 이에 따르면 지구의 멸망이 아니라 지구는 새로운 성숙기를 맞이하게 되며, 이는 곧 사춘기 처녀가 초조初潮를 맞이하는 것과 같다.

　20년 전후에 북극 빙하가 녹고, 23도 7분가량 기울어진 지축이 바로 서고, 땅속의 불에 의해 북극의 얼음물이 녹는 현상은 지구가 마치 초조 이후의 처녀처럼 성숙해 간다는 것을 의미한다.

　이때 지구 표면에는 큰 변화가 온다. 현재는 지구 표면에 물이 4분의 3이고, 육지가 4분의 1밖에 안 되지만, 이와 같은 변화를 거치고 나면 바다가 4분의 1이 되고, 육지가 4분의 3으로 바뀌게 된다. 또 인구의 60~70퍼센트가 소멸되고, 육지의 면적이 3배로 늘어나는데 어찌 세계의 평화가 오지 않겠는가.

　후천의 세계는 마치 처녀가 초조 이후에 인간적으로 성숙하여 극단적인 자기감정의 대립이 완화되듯이, 지구에는 극한과 극서가 없어질 것이다.

　　불이 물속에서 나오니
　　천하에 상극相克의 이치가 없다.

　이 구절은 《주역》에 나오는 문장으로 미래 세계는 전쟁이 없는 평화시대가 온다는 뜻이다.

■ 탄허록

동아시아가 세계사를 주도하리라

앞에서 언급한 결실의 시대란 간방인 우리나라에 간도수가 와서 열매를 맺고, 그 열매는 새로운 씨앗이 되는 시종을 의미한다고 말했다.

그렇다면 이와 같은 중대한 전환기에 새로운 인류사의 출발, 후천의 세계는 어떻게 열어 가야 할까?

후천 세계가 오는 것을 '후천도수後天度數'라 하는데, '문왕팔괘文王八卦'가 후천이면 '복희팔괘伏羲八卦'가 선천先天이 된다. 하지만 정역正易의 시대가 오면 '정역팔괘正易八卦'가 후천이고 문왕팔괘가 선천이 된다. 이렇게 순환되는 정역의 원리로 보면 간도수가 이미 와 있기 때문에 후천도수는 곧 시작된다고 하겠다.

모든 역학의 원리가 그렇듯이, 후천도수가 오는 것을 인간의 눈으로 확인할 수 있는 것은 아니다. 낮 12시가 지나면 이미 밤이 온 것인데 사람들은 문밖이 밝은 낮이라고 하여 낮으로 알고 있다. 이와 마찬가지로 이미 오래 전부터 간도수가 시작되었고, 후천의 세계가 눈앞에 와 있는데도 사람들은 이를 알지 못한다.

세계적인 역사학자 토인비 교수는 미래 세계에 대해 다음과 같이 예측했다.

"미래 세계는 중국을 중심으로 동아시아가 주역이 되어 세계사를 주도해 나갈 것이다."

그리고 그 근거를 다음과 같이 열거했다.

첫째, 전 세계적으로 세계 국가의 지역적 모델이 되는 제국을 과거 21세기 동안 유지해 온 중국 민족의 경험

둘째, 중국사의 장구한 흐름 속에 중국 민족성이 가지고 있는 세계정신

셋째, 유교적인 세계관에서 나타나는 휴머니즘

넷째, 유교와 불교가 지닌 합리주의

다섯째, 동아시아 사람들이 지닌 우주의 신비성에 대한 감수성과 인간이 우주를 지배하려고 하면 자기좌절을 초래하게 된다는 도교의 직관

여섯째, 인간과 자연과의 조화를 바탕으로 하는 중국 철학의 근본성

일곱째, 동아시아 여러 국민은 이제까지 서양인들이 자랑으로 삼아왔던 군사·비군사非軍事의 양면 그리고 과학을 기술에 응용하는 근대의 경기競起에서도 서구제국민西歐諸國民을 이길 수 있음을 입증한 것

여덟째, 동아시아 제국諸國들의 용기

이러한 근거를 들며 중국을 중심으로 동아시아 시대의 전개를 내다보았다.

토인비 교수가 '중국이 동아시아의 미래를 좌우하는 것은 물론 세계를 주도해 나갈 것이다'라고 한 예측은 어디까지나 현실을 바탕으로 한 역사적이며 철학적인 논거에 의한 견해다. 그의 견해는 현실적으로 보면 정당하고 타당한 것으로 받아들일 수 있다.

하지만 현실을 초월하여 우주의 섭리라는 관점에서 보면 나의 견해와 많은 차이가 있다.

앞으로 동아시아의 미래에 있어 토인비 교수의 예측과 달리 중국의 주도적 역할보다는 우리나라의 역할이 더 강화될 것이다.

이러한 견해에 대하여 우리나라의 지식인들뿐만 아니라 서구의 경제학자들 사이에서도 긍정적으로 받아들여지고 있다. 이것은 특히 젊은이들에게 큰 반향을 일으키는 주제이기도 하다.

미래를 예측할 때 물론 토인비 교수처럼 역사적·철학적·논리적으로 현실을 분석하고, 수학적·지리적 현실을 파악함으로써 미래를 내다볼 수도 있을 것이다. 또 그렇기 때문에 그의 견해가 역사적 현실로 보면 틀린 것은 아니다.

하지만 역학의 원리에 근거하여 미래를 보는 눈은 그보다 훨씬 더 포괄적이며 나아가서 인류 사회의 미래를 우주적인 차원에서 볼 수 있다는 큰 장점을 가지고 있다.

비책秘冊에 담긴 민족사의 수수께끼

우리나라에는 우주의 기본 원리를 밝힌 비책《천부경》이 있다. 단제(檀帝; 탄허 스님은 여러 역사적 기록을 들어 중국이 우리의 단제檀帝를 단군檀君이라고 칭호를 붙인 것은 소국小國이라고 얕잡아 본 것이므로 단군이 아니라 단제라 이름 붙여야 한다고 봄-편집자주) 때 만들어졌다고 전해지는《천부경》은 신라 최치원이 한자로 번역하여 오늘날까지 전해 내려오는 책이다. 이 책은 우리나라 선가仙家 사상의 연원이 되었으며, 《주역》의 시원을 이룬 것으로 널리 알려져 있다.

《천부경》은 총 81자로 된 아주 짧은 내용이지만 매우 난해하고, 역학의 원리와 공통점이 많다. 물론 유교의 원리는 그 깊이가 방대하기 때문에 포함되지 않는 것이 없지만, 《천부경》은 역학의 축소판이라고도 할 수 있다.

이러한 《천부경》의 첫 구절과 마지막 구절을 소개하면 다음과 같다.

일一은 시작인데 시작하지 않는 1一이요,
또 일一은 끝냄인데 끝냄이 없는 일一이다.

천天은 양陽이므로 1一이며, 지地는 2二, 인人은 3三으로 되어 있다. 태극太極에서 시작된 수數는 삼극三極, 즉 무극無極·태극太極·황극皇極을 거쳐 1로 귀일歸一한다는 것인데, 1의 사상은 천하는 둘이 아니라는 불교의 원리와 부합하며, 역학의 원리와도 부합한다. 일설에는 《천부경》으로부터 역학의 시원이 이루어졌으며, 단제 민족이 우주의 근본 원리를 밝힌 사상으로 중국의 기본 사상을 이룬다고 보는 견해도 있다.

그러나 내가 알기에는 《천부경》의 시원은 중국의 요순과 동일한 시대다. 그러므로 《천부경》이 먼저 나오고 그 뒤에 복희씨의 팔괘가 나왔으며, 그 뒤에 문왕의 《주역》이 만들어진 것이다.

만약 《천부경》이 단제 때 만들어진 것이라면 우리 민족의 위대한 사상이 중국으로 전해져서 중화사상으로 꽃피워진 것이라 할 수 있다. 앞으로 이 사상에 의해 세계는 조화를 이루게 될 것이다.

김정배 교수가 쓴 논문 〈한국 민족 문화의 기원〉에 보면 복희 씨 때 황하 유역에 살던 민족과 단제 시대의 고조선 민족은 같은 고古아시아 족으로 형제지간, 즉 구이족九夷族이고, 그 후로 주周나라 때부터 한족漢族이 황하 유역의 고아시아 족을 몰아냈다고 한다.

이러한 견해에 따르면 이제까지 역학이 중국에서 처음으로 만들어졌다는 종래의 일반적인 의견은 틀렸다고 할 수 있다.

그러므로 역학의 시초는 《천부경》이고, 단제의 지배 영역은 전 동아시아 일대였으며, 여기에서 발생된 문화가 동아시아 전체에 파급되었다는 발상도 해볼 수 있다.

이러한 관점에서 본다면 토인비 교수가 말했던 중국 중심의 동아시아 시대의 전개는 중국이 아닌 바로 우리나라로 볼 수도 있다. 즉 현재 한반도는 지구의 주축에 속하고, 한민족은 '간艮'의 시종始終을 주도하고, 《천부경》 사상은 새로운 세계의 근본이 된다고 할 때, 앞으로 세계의 중심은 우리나라라고 할 수 있다.

원래 우리나라는 중국의 말초신경 정도에 해당된다. 그렇기 때문에 지금까지 우리나라와 중국은 역사적으로 밀접한 관계를 맺어 왔다. 그러나 지금까지 우리나라에서는 수십억 인구를 가진 중국보다 우수한 인재가 월등히 많이 나왔다. 그뿐인가. 우리 민족사에는 중국 대제국과의 전쟁에서 승리한 기록이 얼마든지 있는데 그런 것들이 이러한 사실들을 증명해 주고 있다. 《천부경》에 다음과 같은 구절이 있다.

"하나가 모여서 열이 되고, 우주의 기틀이 갖추어지되 모두 셋으로 이루어져 있다."

　이 말은 복희씨가 팔괘를 요순시대에 만들었다는 것을 의미하는 구절로, 《천부경》이 복희씨의 팔괘보다 좀 더 빨리 만들어졌다고 볼 수 있다.

　일설에 의하면 단제의 《천부경》이 나올 때 음陰의 문자와 양陽의 문자가 함께 사용되었는데, 중국은 양이기 때문에 음만을 수용할 수 있어서 음의 문자인 한문을 쓰게 되었고, 양의 문자는 그대로 우리나라에 남아 구어口語로만 전해 오다가 세종대왕 때 한글로 만들어졌다고 한다.

　이렇게 보면 중국의 한문자漢文字도 우리나라에서 건너갔다고 할 수 있지 않느냐는 의견을 제시한 사람도 있다. 문자에 관해서는 이러한 일설을 수긍할 수도 있다.

　그보다 여기서 꼭 밝혀 둘 것이 있다. 명나라를 세운 주원장도 요즘 표현으로 한다면 한국계 만주인이었다고 한다. 그가 명천자明天子에 즉위하자 신하가 다음과 같이 물었다.

　"폐하의 계보를 어느 곳에서 찾을까요?"

　그랬더니 명천자가 다음과 같이 대답했다.

　"장검長劍을 잡고 남쪽으로 오니, 그 선조는 '모른다'고 써라〔長劍南來 其先莫知〕."

　물론 요순시대의 황하 유역 민족이 고조선족과 같은 고아시아족이므로 복희씨도 한민족이었음에 틀림이 없다고 볼 것이고, 오늘의 중국 역사가 주나라 때부터를 한족漢族으로 치고 있는 것으로 보았을 때 그 이전, 즉 복희伏羲 · 신농神農 · 요순堯舜 등 삼황오제三皇五帝가 있었던 하은夏殷 시대는 우리와 같은 민족이었을 것이다.

또한 일설에 의하면 노자의 《도덕경》이 단제에게 전해 내려온 비책秘冊을 체계화해서 저술한 것이라 하는데, 이 또한 상당히 설득력 있다.

노자는 생사가 분명치 않는 인물이다. 전해 내려오는 말에 따르면 그는 80년 동안 모태母胎에 있다가 태어났는데, 나오자마자 머리가 백발이 되어 '노자老子'라 불렸다고 한다.

노자가 지금으로 말하자면 도서관장으로 있을 때 어떤 비책의 자료를 발견하고 그것을 발전시켜 《도덕경》을 만들었다고 한다.

이제 우리는 《천부경》과 《도덕경》뿐만 아니라 그동안 소외시켰던 동양 사상을 중심으로 정신무장을 해야 한다. 그리하여 동서양이 지닌 부조리한 문제들을 해결해야 하며, 그러기 위해서는 반드시 역학적易學的 정치 철학이 필요하다.

| 2장 |

정치_지도자의 역량이 국운의 방향타

"산불을 물 한 잔으로 끌 수는 없다.
환개안 한 종교인의 힘은 미약하다.
하지만 언젠가 그 한 잔 물이 동해물로 변할 때가 올지도 모른다."

지도자가 신뢰받을 때
법法과 영令이 바로 선다

한 나라에 새로운 지도자가 나오면 국민들은 다음과 같은 기대와 소망을 갖는다.

'이번 지도자는 만인을 이롭게 해줄 사람인가.'

'우리를 올바르게 지도할 것인가.'

'우리를 편하게 해주려는가.'

그런데 이러한 기대가 무너진다면 어떨까.

'지도자가 국민을 이롭게 하지 않고 착취한다.'

'편안하게 해주지 않고 오히려 괴롭게 한다.'

'올바르지 않고 제멋대로 한다.'

그러면 국민은 비록 처음에는 지도자의 말을 듣는 듯하지만 나중에는 말이 통하지 않게 된다.

자고로 현명한 지도자는 만민의 총명을 모아 자기의 총명으로 만들어 국정에 반영하는 법이다. 아무리 한 사람이 밝다 해도 만민의 총명을 모은 것보다 더 밝지는 못한 법이다.

《논어》에 다음과 같은 이야기가 나온다.

"누군가가 허물이 있다고 충고해 줄 때 기뻐하는 것은 공자의 3천 제자 중 자로밖에 없다."

그만큼 남의 충언을 받아들이기란 쉽지 않다는 것이다. 그러나 무릇 지도자라면 백성의 참된 말을 귀담아 듣고, 허물을 지적하면 이를 기꺼이 받아들여 고쳐나가는 자세가 필요하다.

또한 지도자는 만민의 신뢰를 받아야 한다. 신뢰를 얻지 않고서는 만민의 마음을 얻기가 힘들다. 진秦나라의 재상 상앙商鞅은 백성의 신뢰를 얻기 위해 수도 남문에 말뚝을 세우고, 다음과 같은 공고를 냈다.

"이 말뚝을 북문으로 옮기는 사람에게는 만금의 상금을 주겠다."

백성들은 이 공고를 거짓으로 여기고 웃어넘겼다.

사흘째 되던 날 한 사람이 장난삼아 그 장소에 말뚝을 박아 놓았다. 상앙은 약속대로 만금을 그에게 주었다.

상앙은 다음날 똑같은 조건을 내걸었다. 백성들은 생각했다.

'처음에는 주었지만 이번에는 거짓말일 거야.'

이튿날 한 사람이 역시 장난삼아 말뚝을 박았다. 상앙은 이번에도 상금을 내렸다.

상앙은 세 번째 말뚝을 내놓았다. 그러나 백성들은 여전히 미더워하지 않았다.

'설마 더 이상은 아니겠지.'

한 나절이 지나자 한 사람이 말뚝을 박아 세워 놓았다. 그러자 상앙은 그에게 상금으로 만금을 내렸다.

상앙은 네 번째 말뚝을 내놓았다. 이번에는 말이 떨어지기가 무섭게 백성들이 몰려들었다. 세 번이나 약속을 지킨 것을 본 백성들이 달라진 것이다.

'과연 이 분은 우리를 추호도 속이지 않고 있구나!'

백성들이 지도자를 믿자 진나라에는 법法과 영令이 바로 섰다.

법과 영이 바로 서기 위해서는 먼저 지도자가 국민에게 신뢰를 줄 수 있어야 한다. 법과 영이 서지 않을 때 국민을 탓할 게 아니라 모범을 보이지 못한 지도자에게 원인이 있음을 알아야 한다. 결국 한 나라의 정치가 제대로 서고 발전하는 것은 어떤 지도자가 등장하는가에 달려 있다.

정치, 경제, 문화 등 모든 분야에서 도道가 없으면 부패하기 마련이다. 도는 시공이 끊어져 욕심이 없는 상태다. 이러한 이치를 알아 각 분야에서 도를 실천할 때 올바른 정치가 나오는 것이다.

법과 형벌로 다스림은 하수의 정치다

정치는 세속을 다스리는 것이고, 법法과 정情으로 사는 사람을 다스리는 것이다. 그렇다면 정치는 어떻게 하는 것이 가장 바람직할까.

공자는 《논어》에서 다음과 같이 말하고 있다.

"법과 형벌로 다스린다면 백성들이 죄짓는 것은 근근이 면할 수 있지만 자신의 잘못에 대해서는 양심의 가책을 느끼지 않게 된다. 그러나 도덕과 예로 다스린다면 백성이 잘못했을 때 양심의 가책을 받아 스스로 개과천선하게 된다."

이는 세속 정치와 성인군자의 정치를 견주어 말한 것이다. 동양사상에서는 정치를 왕도王道 정치와 패도覇道 정치로 나눌 수 있다. 왕도 정치란 성인의 정치를 말하는데, 그 덕화德化가 매우 높아서 백성이 누구의 덕으로 사는지조차 잊어버리게 할 만큼 태평성대의 경지를 말한다.

반면 패도 정치는 백성이 각자가 맡은 바 일을 하며 잘 살기는 하지만, 위정자에게 부국강병의 야심이 잠재해 있어 불안한 시대를 말한다. 예를 들면 학정일치學政一致가 왕정시대라고 한다면, 학정분립學政分立은 패정시대라고 할 수 있다. 중국의 삼황오제三皇五帝, 삼왕三王시대까지는 학정일치의 시대였고, 삼왕三王 이하 오패五覇 이후의 시대는 학정분립의 시대라고 할 수 있다.

다시 말해 최고의 학문과 도덕을 가진 성인이 정권을 잡고 세상을 다스리는 것이 '학문과 정치의 종합 시대'라고 한다면, 최고의 학문과 도덕을 가진 성인은 초야草野에 묻히고 소인들이 정권을 잡고 지배하는 것이 학문과 정치가 분리된 시대다.

그렇다면 왕도 정치란 과연 어떤 경지일까? 요임금에 관한 기록을 살펴보자.

어느 날 요임금은 스스로 정치를 잘하고 있는지를 알아보기 위해서 대신들에게 다음과 같이 물었다.

"내 정치가 어떠냐?"

그러자 대신들이 대답했다.

"모릅니다."

그러자 이번에는 들에 나가 백성들에게 다시 물어보았다.

"모릅니다."

역시 같은 대답이었다.

그런데 어느 마을에 갔더니 한 농부가 땅을 두드려 장단을 맞추며 이렇게 노래하고 있었다.

해가 뜨면 나가 농사짓고
해가 지면 들어와 쉬고 밭을 갈아먹고 우물을 파 물을 마시니
요임금 힘이 내게 무슨 기여를 하고 있겠느냐.

요임금은 농부의 노래를 듣고서야 비로소 안심하고 궁궐로 돌아갔다. 이는 《장자》에 나오는 다음 구절과 일맥상통한다.

무릇 고기는 강호 속에 있으면서 서로 존재를 잊고,
사람은 도술에 있으면서 서로간의 존재를 잊는다.

고기를 잡아다 놓고 물을 조금씩 부어 주면 목마른 것을 적셔 주는 고마움을 알지만, 강이나 호수에 놓아 두면 누구의 덕으로 사는지 완전히 잊어버린다. 또한 산소가 부족하면 숨쉬기 힘들어 공기

■ 탄허록

의 소중함을 뼈저리게 느낀다. 그러나 맑은 공기 속에서는 공기의 소중함을 생각하지 않는다.

이처럼 백성은 도덕 정치 안에서는 평안하여 감사하는 마음조차 잊게 된다. 진정한 정치란 감사의 정마저 완전히 잊어버리게 하는 경지인 것이다.

옛 성인은 이렇게 말했다.

"산에 들어가서 자신의 자취를 완전히 끊어 버리기는 쉽지만, 사회에 머물러 있으면서 함이 없이 행하는 자취가 되기는 어렵다. 인간으로 부려지는 것은 거짓되기 쉽지만, 천지로 부려지는 것은 거짓됨이 없다."

탐심 있는 지도자를 경계하라

공자는 다음과 같이 말했다.

"소년 시절에는 혈기가 미정未定하므로 색(色: 여자)을 경계하고, 장성해서는 혈기가 왕성하니 싸움을 경계하고, 늙어서는 혈기가 이미 쇠퇴했으므로 탐심貪心을 경계하라."

이때 탐심은 기욕嗜欲을 말하는데,《장자》에 다음과 같이 이르고 있다.

"기욕이 많은 사람은 천리天理와는 먼 것이고, 기욕이 적은 사람은 도道에 가까운 것입니다."

그러나 낙욕樂欲은 기욕과는 근본적으로 차원이 다른 것이다. 기욕은 감정에서 일어나지만, 낙욕은 이지理智에 속하는 것으로, 발원發願이나 입지立志를 의미한다. 기욕이 없다 해서 낙욕까지 없다면 모든 성인에게 꾸지람을 들을 것이다. 혹자는 내게 다음과 같이 물을지도 모른다.

"그렇다면 성인聖人이 가장 욕심이 많다는 말입니까?"

물론 그렇지 않다. 세상 욕심이 적은 사람은 좋은 사람이지만 낙욕성樂欲性이 없는 사람은 천치, 바보다. 그러므로 둘을 구별할 줄 알아야 한다.

내 경우를 보면 선고先考께서 열일곱 살부터 독립운동을 하셨다. 그래서인지 틈만 나면 내게 정치관을 심어 주려고 하셨다. 이런 까닭에 나는 어린 시절부터 세상일에 호기심이 많았다.

내가 열일곱 또는 열여덟 살쯤 되었을 때로 기억난다. 하루는 아버지께 여쭈었다.

"아버지, 소강절은 소인입니까, 군자입니까?"

아버지께서 대답하셨다.

"송나라의 6군자六君子 중 한 분이시다."

내가 또 여쭈었다.

"그렇다면 그의 학설이 거짓말은 아니겠지요?"

그러면서 소강절의 저서 《황극경세서皇極經世書》에서 사업을 5종五種으로 분류한 것을 예로 들어 다음과 같이 말씀드렸다.

"'작아도 차라리 닭의 주둥이가 될지언정 커다란 소 궁둥이는 되지 말라'는 말이 있듯이 가다가 멈추더라도 공자의 불세지사업不世之

事業을 따르겠습니다."

소강절은 《황극경세서》에서 시대의 조류를 황皇·제帝·왕王·패霸·이적夷狄·금수禽獸로 나누었다. 그리고 사업의 종류를 5가지로 얘기하면 다음과 같다.

오패五霸를 백세百世의 사업
삼왕三王을 천세千世의 사업
오제五帝를 만세萬世의 사업
삼황三皇을 억세億世의 사업
공자孔子를 불세不世의 사업

공자의 사업은 계왕성 개래학(繼往聖 開來學: 과거 성인聖人을 계승하고 미래의 학자를 개시함)하는 교육 사업이므로 영원불멸의 사업이 된 것이다. 공자가 정치를 못한 것은 그 시대로 보아 불행한 일이지만 정치를 못했기 때문에 오히려 불세不世의 교육 사업을 펼치게 된 것이다.

내 이야기를 듣고 아버지께서도 나의 결심을 막지 못하셨다. 나의 낙욕성은 어느 누구도 흔들 수 없는 것이었다.

우리는 탐심, 즉 기욕과 낙욕을 구분할 수 있어야 한다. 탐심이 많은 지도자는 권력을 통해 제 욕심만을 채우므로 백성들이 곤고困苦해진다. 민심은 천심이라 했는데, 천리에서 벗어난 지도자가 어찌 민심을 헤아릴 수 있겠는가.

먹을 게 적은 것보다 공평하게 분배 못 하는 것을 걱정하라

요즘에 먹고살기가 편해졌다고 하지만 역시 급선무는 민생고 해결에 있다. 국민소득이 높아졌다고 하지만 국민이 살기가 얼마나 좋아졌는지 생각해 볼 일이다. 국민 개개인의 소득이 높아진 게 아니라 국민 총소득을 가지고 국민 1인당으로 나눠 평균치를 낸 것이니 참 애매한 숫자놀음이 아닌가.

민생고가 해결이 되고 나서야 비로소 문화니, 예술이니, 종교니 하는 것들이 존재할 수 있는 것이다.

옛날 노나라 정승이 공자에게 나랏일을 걱정하며 말했다.

"우리나라에는 먹을 게 적어 걱정입니다."

그러자 공자는 이렇게 답했다.

"적은 것은 걱정 말고 먼저 공평하게 분배하지 못하는 것을 걱정하십시오."

이 말은 곧 한 사람만 소득이 높아서는 되지 않고 모두가 평등하게 춥고 배고픈 사람이 없어야 한다는 말이다. 만약 한 사람이 1백 만 명 먹을 것을 지니고 있다면 이것은 정치 부재의 사회임에 틀림없다.

노나라 정승이 또 물었다.

"우리나라에 도둑이 많아서 정치를 못하겠습니다."

그러자 공자는 이렇게 답했다.

"당신이 욕심을 안 내면 백성은 상금을 주고 도둑질하래도 하지 않을 것입니다."

민생고가 해결된 다음에는 사회가 거칠어지지 않고 문화, 예술, 종교 등이 존재할 수 있다.

사람들의 각박한 마음을 없애 주는 길은 민생고를 해결해 주는 데서부터 시작해야 한다. 이것은 정치가가 할 일이다. 그 다음에 정신적·문화적으로 잘 살 수 있는 길을 모색하는 것이 종교가나 학자, 예술가 등의 몫이다. 그러나 이것 역시 집권자(정치가)의 정치 신념과 일치할 때 가능하다.

그런데 민생고 해결에 적극적이지 않은 정치인들 때문에 국민들은 항상 고통 속에 살며 그로 인해 빈부차가 갈수록 양극화되고 있다.

사회적으로 모든 대중이 잘 살려면 정치적으로 문제를 해결하려는 노력이 절대적으로 필요하다. 종교적인 측면에서 잘 산다고 하는 것은 몇몇 사람에게 국한되는 말이지 전 국민에게 통하는 말이 아니다. 가령 불교인 한 사람이 앉아서 이렇게 하자고 해도 여러 종교가 있으니 말을 들을 리가 없고, 또 한 종파가 시도하더라도 모두가 다 들어주지는 못한다. 그러다 보니 어떻게 보편적으로 두루 통할 수 있겠는가.

사회 전체가 잘 살기 위해서는 정치가가 나서야지 일부 종교인이 해결할 수 있는 문제는 아니다. 종교인은 어느 시대, 어느 국토든 국한이 없는 것이다. 그래서 사회문제를 해결하려면 1천 명의 스님과 1천 명의 도인보다는 종교와 도를 잘 아는 한 사람의 정치인이 필요하다.

국가의 미래를 밤새워 고민하는 이들의 말에 귀 기울여라

1970년대를 가리켜 사람들은 급격한 변화와 발전의 시대라고 한다. 그러나 냉정하게 따져 보면 과연 무엇이 발전했다는 말인가. 수출이 늘어나고, 눈 뜨고 나면 수십 개의 대형 공장들이 들어서고, 쌀밥에 고깃국을 먹게 되고, 우아하고 세련된 옷을 입는다고 과연 발전이라고 할 수 있겠는가. 여기에 발전이니 진보니 하는 말을 붙이기엔 좀 씁쓸하다.

예전에 비해 먹고 살기가 좋아졌다고 해서 사람이 살기 좋아진 것은 아니다. 과학의 진보와 경제의 발전으로 인해 기계의 노예가 되고 돈의 노예가 된 채 오히려 자신을 상실하고 무기력해진 사람이 어디 한둘인가.

극도의 정신적 스트레스와 인간관계에서 오는 갈등으로 윤리와 도덕, 종교와 진리를 외면한 채 혼미한 상태에 빠져 있는 사회를 과연 발전하고 있다고 할 수 있겠는가.

산업사회로 빠르게 진입하면서 경제 사정은 과거에 비해 월등히 나아졌지만 윤리의 근간을 이루는 도덕은 이미 땅에 떨어졌다고들 한다. 땅에 떨어진 정도가 아니다. 도덕은 서양의 아스팔트 길바닥에 떨어진 냄새나는 휴지가 되어 서로 속여야 사는 장사꾼의 구둣발에 짓밟힌다. 국민이야 어떻든 아랑곳없이 자기의 매명賣名과 명리名利를 위했던 지도자들의 입을 닦는 휴지조각으로 변했다.

정부는 언제인가 사회 정화를 제2경제라고 일컬었다. 제1경제는 돈벌이 하는 것을 의미한다. 제3경제는 인간이 돈으로만 살 수 없기 때문에 불가피하게 필요한 윤리다. 윤리가 바로 서려면 철학이 필요하다. 철학은 제4경제고, 철학 위에 종교가 있다. 이런 까닭에 종교는 제5경제라 할 수 있다. 아무리 제1경제가 발전한다고 해도 제2경제, 제3경제, 제4경제, 제5경제가 발전하지 못한다면 큰 발전을 기대하기는 어렵다.

정치인 한 사람은 한 사람으로 끝나지 않는다. 정치가 국민의 의사를 묵살하고 권력 쟁취에 휘말려 싸우는 것은 귀신 혓바닥 장난보다 못한 짓이다. 정치의 본질은 그렇게 더러운 곳에 있지 않다.

이러한 상황에서 종교는 정치에 어떤 역할을 해야 할까. 종교의 본질은 이론도 아니요, 조직도 아니요, 권력도 아니다. 다만 실천이 수반된 인격 완성에 있다.

종교가 제 역할에 충실하기 위해서는 종교적 정화 작업이 급격히 일어나야 할 것이다. 그러나 이것은 종교 단독으로는 큰 수확을 기대하기 어렵다. 이제부터라도 정치가들이 종교적 진리와 손잡고 지금까지와는 아주 다른 정치를 펴야 할 것이다.

모두들 힘들다고 아우성이다. 하지만 오늘 우리가 겪는 이 고통은 산고의 고통이다. 《주역》에 보면 한국은 '간방艮方'이다. '간艮'은 갓난아기요, 결실을 의미한다. 바로 어머니가 아기를 낳는 때의 진통이다. 살이 찢어지는 고통을 겪어야 아기를 낳듯이 우리나라 1980년대 이전은 고통이 있을 수밖에 없는 때다. 그러나 이것은 희망찬 아픔이다. 가까이서 지켜보면 한심스럽고 어수선하고 머리가 아플 지경이지만, 큰 안목으로 지켜보면 희망찬 미래를 엿볼 수 있다. 새 시대가 오기 위해서는 진통을 겪지 않을 수 없다. 이 고통이 지나면 우리의 숙원이던 남북통일의 서광도 그 모습을 드러내 보이기 시작할 것이다. 생각으로 감지할 수 없는 새로운 차원의 세계가 도래할 것이다.

그래서 정치가의 역할이 막중하다. 그들의 손에 우리나라의 흥망성쇠가 달려 있다. 우선 세금을 거두어들이는 낮은 차원의 행정에서부터 변혁을 가져와야 한다. 악착같이 받아내는 정책보다는 분배에 좀 더 신경을 쓰고, 사안私案보다는 공안公案을 추진해야 한다. 늙은이의 말과 젊은이의 말과 어린아이의 말에 귀를 기울이되 그중 젊은이의 말을 좀 더 중시해야 한다. 돈벌이하는 기업가의 건의나 주장보다는 밤새워 고민하고 국가의 미래를 주시하는 학자, 철학자 그리고 종교가의 말을 우선적으로 받아들여야 한다.

나라의 운명, 지도자의 심성에 달려 있다

세계 인구를 심성을 기준으로 분류한다면 극선질형極善質形 인간 10퍼센트, 극악질형極惡質形 인간 10퍼센트, 보통 사람형 80퍼센트로 나눌 수 있다. 왕도 정치의 표본이요, 태평성세를 이루었다는 요순시대에도 모든 백성이 선질은 아니었으며, 극악무도했던 걸주시대라 해도 결코 모든 사람이 악질은 아니었다. 단지 당시 최고 통치자가 어떤 사람이냐에 따라 정치가 달라졌을 뿐 인간 심성의 비율은 변하지 않았다.

성인이 최고의 통치자일 때는 10퍼센트의 극선질 인재를 등용했기 때문에 10퍼센트의 극악질들은 머리를 들지 못했다. 그런데 최고의 지도자가 소인일 때는 그에 따라 10퍼센트의 극악질형 관리가 등용되어, 10퍼센트의 극선질은 모두 암혈(岩穴: 바위틈의 조그만 거처)에 숨을 수밖에 없었다. 그렇다면 나머지 80퍼센트의 보통 사람들은 어떻게 되는가. 어느 시대가 되었든 대중은 대세를 따를 뿐이다.

불교에서는 사람을 상근기上根機, 중근기中根機, 하근기下根機로 분류한다. 모든 인간은 평등하다는 원칙에서 볼 때 과연 하근기는 영원히 중근기가 될 수 없고, 중근기는 상근기가 될 수 없는지 의문을 가지는 사람들이 있다. 물론 부처님은 중생을 상근기, 중근기, 하근기로 나누었으며, 인연 없는 중생은 부처님도 구제할 수 없다고 말씀하신 바 있다.

상근기의 삶이란 대인군자大仁君子, 즉 우주와 자신을 함께 잊고[物我兩忘] 예로써 사는 성인의 경지를 말하는 것이니, 이들에게는 별다른 지도가 필요하지 않다. 중근기의 인간은 물아양망의 경지에는 이르지 못했지만 세속 법규에 조금도 어긋나지 않게 사는 사람을 말하고, 하근기의 인간은 예도 법도 모르고 오직 정에만 이끌려 사는 '천치' 같은 사람들을 말한다.

그런데 여기서 중요한 것은 중근기와 하근기를 지도하는 지도자가 성인이냐 소인이냐에 따라 결과가 크게 달라진다는 점이다. 그러므로 지도자가 위민덕화爲民德化의 정치를 편다면 자연스럽게 중근기, 하근기의 국민 모두가 바른 인간이 될 것이다.

또한 인간이라면 누구나 상근기의 인간이 될 수 있다. 3대 성인이 성취한 과덕果德이 바로 우리 마음속의 시공이 끊어진 자리로서 그들이 타파한 것이다. 그것은 우리의 존재 이전의 자리로서 그 실체는 범부이든 성인이든 누구나 다 똑같이 내재된 것으로 성인들만의 전매특허가 아니다. 더 나아가 불교는 도의 자리를 사람에만 국한하는 게 아니라 일체의 모든 존재들의 마음자리도 동일하게 본다. 그리고 불교는 일체 모든 것에는 불성이 있다고 본다.

일반적으로 불교를 제외한 다른 종교는 대체로 인간을 중심에 놓는 편이다. 유교 역시 사람을 기준으로 하고 있으며, 기독교에는 삼혼설三魂說이 있는데 일체의 식물은 생혼生魂, 즉 낳는 혼밖에 없고, 동물이라도 하등동물들은 생혼生魂, 각혼覺魂, 즉 낳는 혼과 지각知覺하는 혼魂 두 가지만을 인정하고 있으며, 오직 고등동물인 사람만이 생혼生魂, 각혼覺魂, 영혼靈魂을 모두 가지고 있다고 본다. 이것은 철저하게 사람 중심 사상이다.

물론 불교에서 일체 중생이 마음자리가 같다고 해서 6천만 모두를 성인으로 만들 수 있다는 것은 아니다. 그렇지만 적어도 지도자에게는 목표가 없을 수 없다. 적어도 한 국가의 지도자라면 국민에게 "이것을 믿으라"고 하는 확고하고 뚜렷한 목표와 비전을 세우고 제시할 수 있어야 하지 않겠는가.

유교 사상에는 지도자에 대한 지침이 분명하게 제시되어 있다. 예를 든다면《대학大學》의 삼강령三綱領 팔조목(八條目; 격물格物, 치지致知, 성의誠意, 정심正心, 수신修身, 제가齊家, 치국治國, 평천하平天下) 중에 치지致知의 지知 자가 근본인데, 이때 지知 자는 망상을 가지고 아는 것이 아니라 망상이 일어나기 전 본래 아는 것을 이르는 말이다.

물의 본체가 '젖을 습濕'자 라면 마음의 본체는 '알 지知'자다. 물이 맑고 흐림의 다름은 있을지라도 젖는 것은 변하지 않는 것과 같이 성인과 범부가 지智, 우愚는 다를지라도 마음의 본체인 지知는 하나다. 이것을 덕이니 도니 진리니 하늘이니 부처니 각覺이니 하는 온갖 대명사로 표현할 뿐이다.

그러므로 지도자가 이것을 궁극적 목표로 삼는다면 충효니 도의니 하고 떠들지 않아도 저절로 충신, 효자가 쏟아져 나올 것이다. 그리고 도의 정신도 더불어 고양되고 높아질 것이다.

이와 관련하여 《대학大學》에 나오는 다음 구절을 살펴보자.

"요순은 어진 정치로 백성을 따르게 했으며, 걸주는 폭정으로 백성을 따르게 했다. 이는 임금이 백성에게 명령하는 것과 자신이 좋아하는 것이 서로 다르지 않았기 때문이다."

이 구절은 요순이 어진 정치를 베풀 때 그를 좇았다면 걸주가 사나운 정치를 베풀 때 백성이 좇지 않아야 할 것인데 그대로 따른 것은 지도자로서 백성에게 명령하는 것과 지도자 자신이 좋아하는 바가 서로 배치되지 않다라는 뜻이다.

다시 말하면 요순이 성인聖人으로 어진 행동을 하면서 백성에게는 어질지 못한 행동을 하라고 해도 백성이 따르지 않을 것이요, 반대로 걸주 자신은 어질지 못한 행동을 하면서 백성에게 어진 행동을 강요한다고 하더라도 백성은 따르지 않을 것이라는 말이다.

따라서 보통 사람들이 정치의 테두리에서 벗어나지 못하는 이상, 대부분의 보통 사람들은 성인이 다스리는 정치를 간절히 원하게 된다. 만약 10퍼센트의 선질이 중심이 되어 정치를 펴게 되면 10퍼센트의 악질은 고개를 들지 못할 것이다. 그래서 80퍼센트의 백성은 평안한 삶을 누리게 될 것이다. 그 반대의 일이 벌어지면 백성은 도탄에 빠지게 되는 것이다.

중국 하夏나라 임금 걸桀과 은殷나라 임금 주紂는 힘은 대단했으나 지혜가 말라서 누구든지 감히 간諫을 하지 못했다.

모든 발전은 인화人和가 바탕이 되어야 한다. 좋은 국운을 번영으로 연결시키는 데는 지도자의 역량과 그릇이 인화로 이끄느냐 그렇지 못하느냐에 달려 있음을 기억해야 한다.

국민을 위한 철학부터 갖추라

정치에서 반드시 해야 할 일은 기강紀綱의 확립이다. 정치의 기강이 바로 세워지지 않으면 도둑이 판을 치고, 정치는 파리 같은 인간들의 독무대가 되고 말 것이다. 기강이란 역사의식과 국민을 위한 철학, 인간을 존중하는 종교적 믿음이 있을 때 세워진다.

정치만을 위한 정치는 백해무익하다. 진실로 인간을 위한 정치일 때만 그 기강이 바로 세워질 수 있다.

 흔히 정치인이 되면 세상 전부를 얻은 양 호령하는데, 정치인은 나라의 어른이 아니다. 심부름꾼이다. 대통령도 마찬가지다. 세워진 기강에 따라 철학을 제공하는 사람이며, 그 호령은 각계의 지도자, 가정의 부모가 해야 한다. 가정과 같이 서로 위해 주는 관계를 맺도록 정치를 꾸려 간다면 수많은 경찰관과 판검사가 필요하지는 않을 것이다.

 앞으로는 반드시 그러한 왕도 정치가 세워져야 한다. 가령 어항 속에 담아 둔 고기에 물이 떨어질 만하면 계속해서 한 바가지씩 부어 줌으로써 고기들이 계속 감사하다는 생각을 갖게 하는 정치를 끝맺음하고, 넓은 강물 속에 들어 있는 것처럼 누구의 덕으로 사는지 모를 세상을 펼쳐야 한다. 이렇게 정치가 변하다 보면 더불어 경제도 안정을 찾게 될 것이다.

 정치의 안정을 가져오기 위해서는 각 종단 원로들로 구성된 정치 고문단도 있어야 한다. 특히 초종교적 움직임에 앞서 서로를 이해하기 위한 대화의 자리도 마련해야 할 것이다.

 정치와 종교, 문화와 예술이 새롭게 변모하는 것과 때를 같이 해서 동양 사상이 부각되는 시대가 될 것이다. 동양 사상의 핵심은 '우주 만물이 도덕으로부터 시작해서 도덕으로 종결된다'는 것이다.

 이러한 도의 사회道義社會는 종교가 중심이 되는 사회다. 도덕의 실천을 가르치는 것이 바로 종교이고, 도의가 중심이 되는 사회는 인간이 인간다워지고 사회는 자연스레 정화된다. 대중이 좋다고 따라서 좋아하고, 대중이 싫다고 따라서 싫어하는 소신 없는 이들은 땅을 기는 개미보다 못한 사람이다. 자기의 주관에 따라서 도의에 따라 움직일 때, 좁은 문으로 들어가는 자의 영광을 얻어 낼 것이다.

도덕을 숭상한 조상의 덕이 후세에 미치리라

내게 다음과 같이 묻는 사람들이 있다.

"한 나라 정치와는 달리 국제 정치는 강대국의 이해관계에 따라 약소국의 운명이 좌우되는 게 엄연한 현실입니다. 인류의 장래도 어떤 면에서는 핵강대국의 태도 여하에 따라 낙관과 비관을 예측할 수 없는 시대 상황이라고 볼 수 있지 않은가요?"

돌이켜보면 세계사는 강대국의 지배사였다는 사실을 부정할 수 없다. 그러나 이제 우주의 원리를 알아야 한다. 만일 강폭한 원자탄, 수소탄만으로 이 세상을 지배할 수 있다면 우주의 원리는 부정될 것이다. 우리가 금세기를 살아오면서 똑똑히 보지 않았는가. 제1차 세계대전과 제2차 세계대전 모두 독일이 일으켰다. 만일 이 강폭한 세력이 세계를 지배했다면 이미 세계는 독일의 것이 되었겠지만, 독일은 두 번 다 전쟁에서 패배했다. 역사를 보면 분명히 알 수 있다.

우주 개벽 이래로 원시시대의 전쟁은 맨주먹으로 하는 싸움이었다. 그 후 시대가 발전하면서 나무로 창을 만들었다. 그런데 주먹이 나무를 이기지 못한다. 이 원리가 목극토木克土 원리다. 이는 주먹(土)

열 개가 나무창(木) 하나를 당하지 못하는 원리다.

그 다음에는 쇠로 창을 만들기 시작했는데, 그 역시 나무창 열 개가 쇠창 하나를 당하지 못했다. 이 또한 금극목金克木의 원리다.

그 다음에는 불총을 만들어 쇠창을 이기는 화극금火克金의 원리다. 삼국시대에 제갈공명이 동남풍을 빌려 적벽대전에서 대승리를 거둔 것도 불의 전쟁이었으며, 오늘날 원자탄도 역시 불을 사용한 것이다. 물극칙반(物極則反: 물이 절정에 도달하면 다시 내려옴)으로 불의 사용은 원자탄으로 종결을 지은 것이다.

그 후 원자탄보다 더 무서운 수소탄이 나온 것은 수극화水克火 원리다. 그러면 수소탄을 능가할 수 있는 것은 무엇이겠는가? 바로 맨주먹이다. 맨주먹은 무슨 뜻일까? 바로 도덕군자를 말한다. 도덕군자 앞에는 총칼도 수소탄도 모두 무용지물이다.

서양에서는 독일을 사례로 들었지만, 동양에서는 일본을 사례로 들 수 있다. 우리나라가 일본에게 문화를 전달해 주었지만, 두 나라의 관계를 역사적으로 살펴보면 일본은 지난 5백 년 동안 무려 49차례나 우리나라를 침략했다. 그 침략 근성의 결과는 태평양전쟁으로 가장 쓰라린 참패를 맛보아야만 했다.

반면 우리 선조들은 다른 민족에게 늘 침략을 당하고만 살았지 남을 해칠 줄 몰랐다. 동양의 전통적 가치관을 그대로 지키면서 살아온 것이다. 현대의 관점에서는 '바보 천치'처럼 보일 수도 있을 것이다. 그러나 이 점이 우리나라의 장래를 밝게 만들어 주는 중요한 밑바탕이 되고 있다.

우리나라는 5천여 년의 역사를 살아오면서도 다른 민족을 침략하거나 정복한 적이 한 번도 없었다. 이것은 참으로 놀라운 일이다. 그러다 보니 역설적으로 우리나라는 수난의 역사를 살아야 했다. 뿐만 아니라 오늘날 남북이 분단된 현실을 볼 때 우리 민족에게는 아직도 넘어야 할 큰 시련이 남아 있다.

하지만 우리가 기억해야 할 것은 지금 겪고 있는 현실 문제나 국가 간 갈등이 소장성쇠消長盛衰의 법칙에서 일어나는 일시적인 수난기일 뿐이라는 사실이다.

우리 육신에서 제일 강한 것은 뼈다. 그런데 그 강한 치아는 60, 70년이 못되어 의치를 해야 하는데 비해 제일 부드러운 혀는 우리와 백년을 함께한다. 과연 이것은 무엇을 말하는가?

세상만사는 새옹지마 같아서 성盛과 쇠衰는 서로 떨어지려고 해야 떨어질 수 없는 사이로 맞붙어 다닌다. 그러므로 역경逆境 앞에서 서러워할 것도 없고 순경順境을 만난다고 해서 좋아할 것도 없다. 또한 모든 싹이 영멸永滅하고 마는 것이 아니라 성장하는 과정이요, 발전하는 과정이요, 진화하는 과정으로 보아야 할 것이다.

바야흐로 황皇 · 제帝 · 왕王 · 패霸 · 이적夷狄 · 금수禽獸 6단계 시대에서 볼 때도 금수운禽獸運이 지나고 나면 다시 처음의 황운皇運이 반드시 돌아오게 되어 있다. 이렇게 자연의 법칙은 순환하고 있다.

■ 탄허록

미래 사회를 준비할 도의적 인물이 절실하다

우리나라는 이미 새로운 역사의 장정에 들어섰다. 오래지 않아 훌륭한 인물들이 나와서 국가 원수를 중심으로 단결하여 통일하고 평화적인 국가를 건설할 것이며, 모든 국내의 문제를 해결하고 우리의 국위를 크게 선양할 것이다. 그리고 우리의 새로운 도의 문화는 다른 모든 국가들의 귀감이 될 것이다.

그런데 우리나라에서 위대한 인물이 나온다 해도 그 과정에서 인재의 부족을 심각하게 느끼게 될 것이다. 인재가 부족하다는 것은 학사, 석사, 박사나 한 분야의 전문가의 부재를 의미하는 것이 아니라 도의적 인재의 부재를 의미한다. 도의적인 인재란 정치인, 경제인, 종교인, 사회 인사들처럼 인간의 양심에 따라 행동하는 사람을 말한다.

이제 우리는 정치적으로나 지리적으로 열강들 사이에서 우리나라가 받을 영향력을 걱정하는 데서 나아가 어떻게 하면 도덕적 인격을 함양하여 도의적 인간이 되느냐에 초점을 맞추고 고민해야 하는 시점에 와 있다. 그렇다면 과연 무엇을 갖고 가르쳐야 도의적 인간이 될 수 있을까?

주역에서 '간艮'은 덕德이라 하며, '지야止也'로 풀이한다. 이는 곧 우리나라가 도덕적으로 제일가는 나라이며, 그치(止)는 위치에 있어서 세계적으로 지진이 일어나도 이곳에서 그친다는 것이다.

우리가 지금까지 사용하고 있는 음력은 이미 6천 년 전 복희씨 시대에 만들어진 것으로, 이러한 음력에는 윤날과 윤달이 있다. 윤달이 생기는 이치는 지구의 축이 23도 7분가량 기울어져 있기 때문인데, 후천시대에는 지구의 축이 바로 세워져 윤달과 윤날이 사라지고 위도와 경도마저 없어진다.

윤달과 윤일이 없어지면 인간이 지닌 속성으로서 간도수艮度數가 사라지고 인간 사회의 부정부패가 없어진다. 윤달과 윤일이 생기는 이치를 윤도수閏度數라 하는데, 이것은 중간매체, 즉 과도기를 말한다.

이러한 중간매체야말로 부정부패의 원인이자 부조리의 근본이다. 지금까지는 생존경쟁이나 생활수단 때문에 세계 도처에 전쟁이나 분쟁들이 일어나고 군자君子를 가장한 비인격적인 선비들이 활개를 쳐왔지만, 이 후천시대에는 인재 때문에 오히려 다툼이 있게 된다.

역학에서 보면 지구의 축은 23도 7분으로 기울어져 있다. 그러다 보니 오운육기론五運六氣論에서 보면 봄철의 인寅이나 가을의 신申이 서로 상화相火의 노릇을 해서 여름 쪽의 뜨거운 곳으로 붙어서 한서寒暑의 불균형이 크고, 이런 이유로 이 기운을 받고 태어난 인간도 부조리해지고 윤인간(閏人間, 잉여인간) 노릇을 하게 된다.

만약 지축이 바로 세워진다면 모든 부조리는 사라질 것이다. 따라서 우리는 철학을 가지고 역사에 접근해야 한다.

다른 역사를 보더라도 영국은 세계지도의 대부분을 지배할 때까지 다윈의 진화론을 지배 철학으로 삼았다. 진화론은 약육강식弱肉强食, 우승열패優勝劣敗의 원리로 '힘이 곧 정의'를 의미했다.

그러나 이후 마르크스의 사회주의 평등이론이 등장하자 적자생존의 진화론은 패배한 것이나 다름없게 되었다. 마르크스의 이론을 바탕으로 공산주의가 등장하게 되었으며, 전 세계 인구의 3분의 1, 전 세계 땅의 2분의 1 이상을 공산주의의 붉은 깃발로 물들였다. 아직도 이 이론은 소멸되지 않고 있다.

그러나 나는 마르크스 이론을 극복, 소멸시킬 수 있는 학술로 동양 사상의 정수인 역학 원리를 꼽는다. 이와 더불어 동양 사상의 근거를 형성하는 불교의 화엄 사상華嚴思想이야말로 이를 완전히 극복할 수 있는 요체라고 본다.

부처님은 성도하신 후 최초 21일 동안 화엄학을 설했으나 알아듣는 이가 없으므로, 대중을 화엄학 단계까지 끌고 올라가기 위한 방법론으로 49년 동안 설법을 했다. 즉 아함부阿含部를 12년, 방등부方等部를 8년, 반야부般若部를 21년, 법화부法華部를 8년, 이리하여 49년 설법이 된다. 비유컨대 아함부가 유치원〔人天敎〕으로부터 초등학교까지의 학설이라면 방등부는 중학교 학설이며, 반야부는 고등학교 학설이요, 법화부는 대학교 학설이라면 화엄학은 대학원 학설에 해당한다.

부처님은 설법 중에 최후에 의지하는 4가지 법法을 말씀하셨다.

첫째, 대의大義에 의지하고 문자에 의지하지 말라.

둘째, 지혜에 의지하고 식識에는 의지하지 말라. 여기서 지혜는 망상이 붙은 세간世間 지혜가 아니고 분별이 끊어진 반야般若 지혜를 말한다.

셋째, 법法에만 의지하고 사람은 의지하지 말라.

넷째, 요의경了義經만 의지하며 불요의경不了義經은 의지하지 말라는 것이다. 이때 요의경이라면 《화엄경》 80권으로, 이 경전 하나에만 의지하지, 다른 경전은 불요의경이므로 의지하지 말라는 것이다. 왜냐하면 다른 경전은 모두 대중을 화엄 단계에 끌고 올라가기 위한 방편적인 학설이기 때문이다.

《화엄경》의 결론을 살펴보면 이 경전 이하에서는 말세 중생末世衆生은 성불 못한다는 말이 나오지만 최고 학설인 화엄의 경지에 가서는 다 성불할 수 있다, 부처가 될 수 있다는 것이다. 그리고 본체의 진리를 깨닫고 이를 행동으로 실천하는 것을 교시한 경전이 바로《화엄경》이다. 이 경전은 바로 미래 젊은이들을 위한 것이다.

모든 교육의 본바탕에는 도의 교육道義敎育이 있어야 한다. 그런데 해방 후 우리 교육에서 도의 교육은 무너져 버렸다. 초등학교에서 대학원에 이르기까지 도의 교육을 필수과목으로 가르치지 않았기 때문이다. 도의 교육이라면 3대 성인의 가르침인데, 교과서 어디에서도 이것을 찾아볼 수 없다.

역사의 가치는 모방하는 데 있는 것이 아니고 창조하는 데 있다. 그러므로 동서양의 정신문화를 필수과목으로 채택하는 교과과정의 일대 개혁이 단행되어야 할 것이다. 내실을 갖춘 한국인으로 성장시키려면 무조건 서양이나 이웃나라의 제도를 받아들여 모방을 서두르기에 앞서 우리의 정신 교육을 강화해야 한다.

성인의 가르침을 필수과목으로 지정하여 도의 교육을 한다 해도 참다운 도덕적 인물을 길러내기는 여간 쉽지 않다. 그런데 도의 교육마저도 전무한 상태에서 어떻게 도의적 인물이 나오기를 바랄 수 있겠는가. 바로 이 때문에 우리나라의 미래를 짊어지고 갈 도덕군자형 지도자의 출현은 기대하기 어려운 것이다.

세상에는 언제나 군자는 적고 소인은 많은 법이다. 이런 까닭에 더욱 더 도의 교육이 밑바탕이 되어야 하는 것이다.

국운이 트이는 시기, 무엇을 준비해야 할까

새벽이 밝기 전, 짧은 순간이지만 주변은 가장 어두컴컴할 수 있다. 고난에 대한 각오도 있어야 할 것이다.

나는 개인적으로 도덕을 실천하게 하는 것이 종교라고 생각한다. 또한 한국의 미래를 이끌어 나갈 힘이 종교가 아닐까 한다. 그런 종교는 우주 종교라 할 수 있다.

유불선을 한 덩어리로 하여 위정자가 그 장점만 취한다고 하면 훨씬 나아질 것이다. 세상을 다스리는 데는 유교가 제일이고, 치신지학治身之學으로는 도교가 제일이며, 치심지학治心之學으로는 불교가 제일이다. 이런 장점을 잘 취해서 민중을 다스린다면 좋을 것이다.

종교라는 것은 끝까지 자각하는 것이고 스스로 깨닫는 것이다. 자각하면 모든 고통이 빠져나간다. 우주가 생기기 전의 자리, 거기에 앉아 있으니 우주를 내 마음대로 할 수 있다. 이것이 종교의 개념이다.

불교에는 천당, 지옥설, 극락과 같은 말이 기독교보다 몇 백 배나 많이 나온다. 그러나 그런 것들은 유치하고 무의미한 것들로, 어린 아이들을 가르치기 위한 방편일 뿐이다. 최고의 이념은 자각이다.

그리하여 스스로 이고득락離苦得樂하는 데 있다. 자기 혼자만 그러는 것이 아니라 중생도 그렇게 만드는 것이다.

산불을 물 한 잔으로 끌 수는 없다. 한 개인, 한 종교인의 힘은 미약하다. 하지만 언젠가 그 한 잔 물이 동해물로 변할 때가 올지도 모른다.

오늘날 번잡하고 소란한 우리 주변 문제를 개개인이 해결하는 것은 불가능하다. 어떤 혁명이 오지 않고서는 불가능하다.

최근 들어 이상기온 현상이 자주 나타나는 것은 중생들이 자연의 순리를 따르지 않은 탓도 있다. 각 나라마다 공해 문제가 심각하다. 지금도 늦지 않았으니 자연을 정화하여 사바세계나마 깨끗한 환경에서 살다가야 하지 않겠는가.

자연 정화뿐만 아니라 사회 정화도 함께 필요하다. 그러나 메마른 땅에 소나기가 갑자기 쏟아지면 대지를 흡족하게 추겨 주기는커녕 홍수처럼 지나가 희생만 클 뿐이다. 정화 운동도 마찬가지다.

불교의 감로수가 만물에게 균점均霑되듯이 정화 운동도 메마른 민중의 가슴을 충분히 추겨 줄 수 있는 데까지 승화시킬 수 있는 철학적 신념이 뒷받침되어야 할 것이다.

그렇게 되려면 구체적으로 어떻게 행동해야 할까?

정치적이고 행정적인 정화에 그치지 않고 마음의 정화 운동이 되어 서로가 진정으로 아끼고 도와야 한다. 위대한 복지사회를 건설하기란 그리 쉽지는 않을 것이다.

밖으로는 국토를 철통같이 방위하면서, 안으로는 국민 각자가 자성自省하는 자세로 임해야 할 것이다. 되풀이되어서는 안 될 일을 과

감하게 잘라 내고 정화하는 것만이 복지사회에 좀 더 빨리 도달할 수 있는 길이다.

　물질의 풍요만으로 복지국가라는 기준을 잡을 수 없다. 진정한 복지사회를 실현하려면 학교 교육에서 정신문화의 원천인 종교를 가르쳐야 한다. 불교뿐만 아니라 인간을 풍요하게 한 모든 종교를 다루어야 할 것이다. 예를 들면 기독교의 산상수훈, 유교의 《논어》, 《중용》, 《역학》, 불교의 《화엄학》 같은 것 말이다.

　불교의 인과 원리만 철저히 터득해도 이 사회의 교도소는 문을 닫게 될 것이다.

　오늘의 나의 현실은 어제의 연장이요, 내일의 나의 현실은 오늘 나의 행동의 연장이라는 사실을 잊지 않는다면 오늘 나의 생활은 충실해질 것이다.

| 3장 |

철학_한 마음이 꿈을 일으키고 우주를 일으키니

"우리는 '중생衆生'이라는 단어가
얼마나 무서운 말인 줄을 알아야 한다."

술術은 도道가 아니다

　　　　　　　　요즘 공부하는 사람들 중에는 6·25 동란과 같은 전쟁이 언제 우리나라에 다시 일어날 것인가 따위의 사건을 미리 아는 것을 도道인 줄 잘못 아는 사람들이 많다. 이것은 술가(術家: 음양陰陽, 복서卜筮, 점술占術에 정통한 사람)의 사상으로 술객이 하는 짓이다. 도의 자리는 아는 것이 끊어진 자리이지 신통력이 생기는 것이 아니다.

　그렇다면 술術과 도道의 차이는 무엇인가? 누구나 아는 사실이지만 부처님은 육신통(六神通: 천안통, 천이통, 타심통, 숙명통, 신족통, 누진통의 신통력)을 했다. 6가지 신통력 중에 누진통(漏盡通: 마음대로 번뇌를 끊을 수 있고 생사윤회를 벗어날 수 있는 지혜)을 제외한 나머지는 술術에 해당한다. 만일 누진통이 없다면 다 아는 것(知)이 붙어 있으니 '술'이다.

　천안통天眼通은 인간 육체의 눈이 근거리만 볼 수 있는 것에 비해 장외, 즉 산이 수만 겹 겹쳤어도 장障 밖을 보는 것이다. 천이통天耳通은 여러 나라, 여러 지역의 말, 나아가 짐승과 귀신의 말까지 듣지 못할 것이 없는 능력을 말하고, 타심통他心通은 상대방이 무슨 마음을 먹고 있는지를 아는 능력을 말한다. 또 숙명통宿命通은 전생을 아는 능력을 말하고, 신족통神足通은 뜻대로 모습을 바꾸거나 마음대로 어디든지 날아갈 수 있는 능력을 말한다. 이에 반해 누진통漏盡通은 단순히 아는 것이 아니라 번뇌를 끊고 다시는 미계迷界에 태어나지 않음을 깨닫는 각자覺者의 신통력을 말한다.

도와 술이 어떻게 다른지 혜충 국사慧忠國師와 대이삼장大耳三藏 이야기를 통해 살펴보자.

중국 당나라 때 혜충 국사가 있었는데 인도에서 대이삼장이라는 사람이 당나라를 방문했다. 그는 타심통이 열린 사람으로 당나라에까지 이름이 날 정도로 유명했다. 그러다 보니 혜충 국사를 곁에 두고 있던 황제는 자신의 마음 상태를 전부 읽어 버린 대이삼장 법사에게 반해 버렸다. 그래서 혜충 국사에게 말했다.

"나는 평소에 스님의 도덕이 제일 높은 줄 알았더니, 오늘 인도에서 온 대이삼장의 말을 듣고 보니 스님은 별것도 아니군요."

그러자 혜충 국사가 말했다.

"아, 그런가요? 그럼, 그분을 불러오시지요."

이윽고 대이삼장이 들어오자 혜충 국사가 대뜸 물었다.

"그래, 그대가 타심통이 열렸다는 게 참말인가?"

"천만에요. 아닙니다."

혜충 국사가 다시 물었다.

"지금 내가 어디 있는가?"

"아, 스님은 일국의 스승이신데, 어찌 산중에 가서 잔나비(원숭이) 희롱하는 것을 구경하고 계십니까?"

혜충 국사가 마음을 그리 보낸 것을 대이삼장이 맞춘 것이다. 혜충 국사가 또다시 물었다.

"내가 지금은 어디 있는가?"

"예, 스님께서는 일국의 스승이신데 왜 천진교天津橋 위에 가서 선유船遊하는 것을 구경하십니까?"

대이삼장이 마음을 모르지는 않았다. 혜충 국사는 다시 마음을 보내며 물었다.

"지금은 내가 어디 있는가?"

그러나 이번엔 혜충 국사의 마음을 도저히 알아낼 수가 없었다. 캄캄한 절벽인 듯 막연하게 느껴질 뿐이었다. 그렇다면 왜 보이지 않았을까? 보이지 않는 그 자리가 바로 삼매三昧, 즉 도道의 자리이기 때문이다. 아는 것이 끊어진 바로 그 자리다.

인도에서 온 대이삼장은 타심통이 열린 사람이었다. 그러나 타심통이 열린 것은 '술'이지 '도'가 아니다. 따라서 도의 자리, 자수용삼매自受用三昧 자리에 혜충 국사가 들어앉으니 캄캄하여 알 수 없었던 것이다. 그 자리는 귀신도 보지 못하는 자리다.

대이삼장이 대답을 못하자 혜충 국사가 호통을 치며 말했다.

"이 요상귀자(尿床鬼子: 변소 귀신) 같은 놈, 썩 나가지 못할까!"

그때서야 황제가 진심으로 머리를 숙이며 말했다.

"참으로 스님의 도가 대단하십니다."

우리는 자신의 본래면목이 어떤 것이고, 시작과 끝이 무엇이며, 진정한 안과 밖을 분별할 줄 알아야 한다.

아는 것보다 아는 것이 끊어진 각覺을 좇아야

서양 철학에서 학문적으로는 칸트가 소크라테스보다 한수 위에 있다고 한다. 칸트의 인식론認識論은 우주 만유의 인식 주체를 연구한 것으로 그는 인식 주체를 순수이성純粹理性이라고 했다. 이것은 순전純全하고 수연粹然한 이치理致에서 나온 것으로, 불교에서 말하는 불성에서 망상이 일어났다는 뜻이다.

여기서 순수이성비판이 나온 것이다. 우주 만유의 인식 주체가 순수이성임을 알았다면 그 앎에 그치지 말고 실천에 옮겨야 한다고 해서 실천이성비판이 나온다. 그런데 칸트 철학의 결론에서는 동그라미를 그려 놓고서, 인식 경계가 인식 주체의 절대적 상반성相反性이 일체 위에 내포되어 있다는 것이다. 즉 순수이성은 절대적으로 없는 것이고, 우주 만유의 인식 경계는 절대적으로 있는 것이다. 이것들은 정반대이지만 일체상에서 내포되었다는 결론을 내린 것이다.

그러나 동양 철학의 관점에서 칸트의 최종적인 결론은 뭔가 미흡하다. 우주 만유의 인식 경계가 순수이성에서 나왔다면 순수이성은 우주 만유의 모체다.

그런데 칸트는 순수이성이 우주 만유의 모체라는 결론에는 이르지 못한 것이다. 동양 철학에서는 우주 만유의 모체, 즉 모든 존재의 근원을 파악할 때 그 모체에서 일어난 우주 만유는 모체화되고 만다. 그러므로 "하나의 근본이 만 가지 다른 것이 되고, 만 가지 다른 것이 한 가지 근본이다"라고 하여 "우주 만물 하나하나가 각각 태극(우주의 핵심체)의 진리를 갖추었고 우주 전체를 통합해 보면 태극의 진리일 따름이다"라고 말한다.

흔히 세상 사람들은 "불교는 생활화가 안 됐다"라고 말한다. 그런데 칸트의 철학이야말로 생활화가 안 된 대표적인 사례다. 한 번 생각해 보자. 칸트의 철학은 결론부터 말한다면 이론에 불과하다. 이 우주 만유의 인식 경계의 모체가 순수이성이라면 이 우주 만유의 모체인 순수이성을 타파할 때 우주 만유가 그대로 순수이성화가 되어야 할 것이 아닌가. 이를테면 산을 대하면 산, 물을 대하면 물, 이것이 전부 순수이성화가 되는 것은 당연하다.

그런데 칸트 사상에는 그러한 순수이성화 된 결론이 없다. 따라서 칸트 철학은 생활화가 되지 않는다. 그렇다면 불교는 어떤가?《법화경法華經》에 나오는 구절을 살펴보자.

"이 법이 법의 자리에 머무나니 세간사 그대로가 법이라."

산을 보면 산 그대로가 진리이고, 물을 보면 물 그대로가 진리가 된 것이다. 그뿐만이 아니라, 똥 덩어리, 오줌 줄기까지도 그대로가 진리다. 이때 그것은 완전히 순수이성화가 된 것이다. 그것은 한 번 부정을 거친 긍정이다. 세간법世間法 그대로가 불법佛法이 된 것으로 거기서 다시 한 번 긍정하는 것이다.

만일 그런 부정을 통과한 긍정이 아니라 긍정의 긍정이 되면, 즉 망상이 우글우글한 것 위에서 세간법이 그대로 불법이라고 한다면 그것은 통할 수가 없다. 예를 들어 여기 있는 콩 한 개는 세간법으로 긍정인데, 그 콩을 땅에 심으면 콩은 없어지고 마니 한 번 부정이 되는 것이다. 그런데 거기에서 싹이 나와서 줄기가 생기고 잎이 나서 새로운 콩이 다시 열리면 그 콩은 부정을 거친 긍정의 콩이 되니 앞의 씨앗 콩이 아닌, 완전히 다른 새로운 콩인 것이다.

따라서 긍정의 긍정으로서 콩이 아니라, 한 번 부정을 거친 긍정으로서 콩이다. 이렇게 부정을 거친 긍정 속에서는 우주 만법 그대로가 진리다. 이것이 진정한 의미에서 살아 있는 진리다.

이것은 유교에서도 마찬가지다. 우주 만물 하나하나가 각각 태극의 진리를 갖추었다. 즉 태극은 우주가 생기기 전 면목으로, 여기에 물건이 하나 있다면 그것은 태극에서 나왔기 때문에 물건 그대로가 태극이다. 또 우주 전체를 통합해 보면 태극의 진리일 따름이다.

현상적으로 드러난 모든 것이 그대로 태극이라면 우주 전체가 태극이요, 그대로가 진리뿐이다. 한 번의 부정을 거쳐 태어난 긍정 자체가 그대로 진리가 되었을 뿐 아니라 이제는 그 모든 것이 진리 아닌 것이 없으니 그대로가 순수이성화 된 것이다.

반면 앞서 언급했던 칸트 철학은 그저 우주 만유의 인식 경계가 순수이성에서 나왔다고만 결론 내리고 있다. 이런 까닭에 칸트 철학은 생활화가 되지 못한 것이다.

죽어도 없어지지 않는 놈이 제일 오래 사는 놈이다

물질은 정신이 아닌 모든 유형有形을 말한다. 예컨대 우주에 불의 원소가 충만해 있지만 잠재해 있으니 없는 것 같다. 우주에 가득 찬 것이 불이고, 우주에 가득 찬 것이 물이며, 우주에 가득 찬 것이 바람이고, 우주에 가득 찬 것이 흙이다.

그러면 지·수·화·풍地水火風, 즉 유교 사상으로는 금·목·수·화·토金木水火土, 이 오행五行이 똑같이 가득 차 있는데 다만 불은 잠재해 있어서 보이지 않을 뿐이다. 그렇기 때문에 나무와 나무를 비비면 불이 나오고, 돌로 돌을 쳐도 불이 나온다. 만일 불의 원소가 없다면 물질끼리 아무리 부딪히더라도 불을 볼 수 없을 것이다.

따라서 우주에 가득 차 있는 불이 정신이라면 나무, 돌 등은 물질이 된다. 그런데 물질을 통하지 않고는 그 잠재되어 있던 불이 나타날 수가 없다.

결국 물질과 정신이 언제나 맞붙어서 법이 이루어지는 것이지 하나만 가지고서는 이루어질 수 없다. 하나에만 치우친다면 그것은 편견이 된다.

물질론이니 유심론이니 하는 것은 서양에서 나온 논리다. 물론 불교에도 '우주 만법이 유심唯心'이라는 말이 있다. 그러나 유물과 유심을 구분해서 말하지는 않는다. 단지 우주 만유의 현실을 중생들이 보아 실재하는 것으로 착각하여 집착하니 지금 우리가 현실로 보는 이것이 실재하는 것이 아닌, 모양이 끊어진 정신 속에서 나온 것임을 일깨워 주기 위한 방편을 쓴 것이다. 따라서 정신과 물질의 관계는 부즉불이不卽不離, 비일비이非一非異라고 할 수 있다.

'제법실유諸法實有'라고 할 때는 제법을 진리로 이해하는 경우가 있는데 그렇지가 않다. 법法을 진리로 표현하는 경우도 있지만, 여기서 제법諸法이라 한 것은 물질物質을 일컫는다. 《논어》에 다음과 같은 구절이 있다.

"안연이 인仁을 물으니 공자가 답하기를 자기 망상을 극복하여 본연本然한 천리天理로 돌아가는 것이 인이다. 하루만 극기복례克己復禮하면 천하가 인으로 돌아오나니, 인을 하는 것은 자기에게 있는 것이지 타인에게 있는 것이 아니다."

여기에서의 인은 도道를 말한다.

공자는 현실 위주의 교법을 세웠기 때문에 이利, 즉 물질과 천명, 진리와 인, 우리 마음의 근본 자리 등에 대해서는 드물게 말한 것이다. 그래서 자공이 다음과 같이 탄식한 것이다.

"선생님의 문장은 얻어들었거니와 선생님이 본성과 천명을 말씀한 것은 듣지 못하였습니다."

그러나 이것은 얻어듣고서 한 소리일 뿐이다. 공자가 이 세상을 보는 관점은 전체가 유치원 학생인 것이다. 성인들이 중생을 볼 때는 다 그렇다. 유치원생에게 어떻게 큰 도를 얘기할 수 있겠는가. 그래서 드물게 도를 말하고 점진적인 방법으로 도에 들어가게 하는 것이다.

공자는 3천 제자 가운데 안연과 증자에게만 돈법頓法을 가르쳤다. 돈법은 점법漸法의 반대다. 그런데 퇴계 이황이 문인에게 답한 편지에 다음과 같은 구절이 나온다.

"돈법은 불교의 것이지 유교의 법이 아니다."

이것은 퇴계 이황이 잘못 이해한 것이다. 왜냐하면 앞서 안연의 물음에 답한 것이 공자가 안연에게 돈법으로 보인 것이기 때문이다. 또 증자에게 다음과 같이 말한 구절에서도 찾아볼 수 있다.

"나의 도는 하나로서 꿰었다."

냉정히 비판하면 도 이외의 모든 것은 물질이다. 그러므로 성인들이 물질을 멀리하라고 한 것은 물질에 집착한 중생에게 하는 말이지 물질 자체를 돌같이 하라는 것은 아니다.

이렇게 부정을 완전히 거쳐서 새로운 긍정이 될 때는 물질 그대로가 진리이고 도다. 이것은 불교에만 해당되는 이야기가 아니라 모든 성인들의 말씀을 보면 마찬가지라 하겠다.

이제 우리가 무엇을 좇아야 할지 답이 나왔다. 우리는 부처님의 팔만대장경 교리보다는 자기 마음을 닦는 선禪을 좇아가야 한다. 지식으로 1백 년, 1천 년, 1만 년의 앞일을 아는 것보다 아는 것이 끊어진 각覺 자리를 좇아가야 한다. 아는 것과 통하는 술術을 좇기보다는 도道 자리를 좇아가야 하며, 한 나라의 위대한 인물이 되기보다는 전 세계적이고 우주 차원의 위대한 인물이 되어야 하지 않겠는가.

이제 우리는 어떻게 살아야 하고 무엇을 추구해야 하는지 길을 찾았다. 결국 어떤 놈이 오래 사는 놈이냐, 어떤 놈이 잘 사는 놈이냐, 그것을 따져 봐서 가장 오래 살고 가장 잘 사는 쪽을 택해야 되지 않는가.

《도덕경》에 다음과 같은 구절이 나온다.

■ 탄허록

"죽어도 없어지지 않는 놈이 제일 오래 사는 놈이다."

이 세상에서 제일 오래 사는 사람은 누구일까? 바로 3대 성인이다. 석가, 공자, 예수, 이들이야말로 제일 오래 사는 사람이다. 그 다음으로 한 나라 안에서 오래 사는 사람은 누구일까? 이퇴계 선생, 이율곡 선생, 이순신 장군 같은 한 나라를 대표하는 위대한 인물들이다.

우리도 이와 같이 영원히 죽지 않는 인물이 한 번쯤 돼 봐야 하지 않는가. 이왕이면 이 우주를 내 가정으로 볼 정도로, 영원히 죽지 않는 인물이 돼 봐야 한다.

공자의 제자였던 안연은 서른두 살에 요절했지만 공자 이후에 안연을 넘어선 인물은 아직 한 사람도 나오지 않았다. 그는 아직도 살아 있는 것이다.

마음은 우주의 본체

흔히 불교의 교리는 너무 방대하고 심오하다고 말한다. 물론 부처님께서 49년 동안 설법하신 내용이 담긴 8만 4천여 권, 5천 부질部帙에 이르는 불교 경전이 숫자로 적은 분량이라고 할 수는 없다.

그러나 불교 철학을 한마디로 표현한다면 "우주의 본체는 마음이다"라고 할 수 있다. 불가佛家의 모든 종교적 교훈은 이 한마디에서부터 나온다.

원래 부처님은 처음 《화엄경》을 설하셨으나, 사람들이 이를 알아듣지 못하자 결국 기초 과정이라고 할 《아함경》에서부터 시작해 올라갔던 것이다. 즉 불교 경전들을 현대 교육 과정에 비유하면 방등경부가 중학교, 반야경부가 고등학교, 법화경부가 대학교 과정에 속한다. 수학 공식을 초등학교에서부터 대학교까지 난이도를 높여 가며 이해시키듯이 불가의 진리도 정도를 달리해 강화講話하는 것뿐이다.

따라서 팔만대장경이라는 엄청난 불교 경전도 하나로 꿰뚫어 이해를 하고 나면 아주 간단명료한 것이 된다. 불교 교리가 어렵고 방대하다는 얘기는 중학교 과정이나 고등학교 과정 한 부분만을 보았을 때 하는 말이다.

불가에서는 우주의 생성을 업業의 인因으로부터 인과필정因果必定의 원리에 따른 계界가 생겨 윤회하는 것으로 본다. 범어의 '카르마karma'를 번역한 '업'이란 말은 '만든다', '짓는다', '한다' 등의 활동을 의미한다.

결국 마음에 한 생각이 떠오를 때마다 업이 이루어지는 것이다. 불교에서는 착한 생각도 하나의 업으로 보고 이를 선업善業이라고 한다.

업은 그 인에 대한 어떤 결과가 올 때까지 소멸하지 않는 업력불멸業力不滅의 원리를 갖는다. 그래서 불가에서는 10악업+惡業을 감減하고 10선업+善業을 행行하라고 한다. 10악업이란 살생·도둑질·사음邪淫·사기·아첨·이간질·욕설·탐욕·화냄·어리석음을 말하고, 이것의 반대가 10선업이다.

악업을 금하는 것은 소극적인 수행 방법이며, 10가지 선을 행하는 것은 적극적인 수행 방법이다. 10악을 줄인 5계(五戒: 불살생不殺生, 불투도不偸盜, 불사음不邪淫, 불망어不妄語, 불음주不飮酒)만 지키면 인도人道에 태어나고, 10선을 행하면 천계天界에 이른다는 말이 있다.

따라서 방생이나 보시, 범행梵行 등은 살생·도둑질·음행淫行을 금하는 데서 더 나아간 적극적인 선행이라 하겠다. 물론 이런 얘기들은 불교 교리로 보면 기초적인 수준이지만, 오늘의 '사회악'이란 것이 바로 불가에서 말하는 악업이라는 것을 다시 한 번 되씹지 않을 수 없다.

모든 업은 마음이 미迷한 데서 비롯된다. 원래 사람의 마음이란 청정淸淨한 것이 본성이지만, 번뇌나 망상의 객진客塵이 들러붙어 업을 짓게 된다. 망상이 붙지 않은 마음의 본체를 진여眞如라고도 한다.

중생이 신구의身口意를 청정하게 가지려면 그것으로 인한 악한 행위(악업)가 어떤 것인가를 구체적으로 아는 것이 중요하다. 중생의 악업에는 신삼身三·구사口四·의삼意三이 있다. 먼저 몸으로 짓는 악업이 3가지, 입으로 짓는 악업이 4가지, 뜻으로 짓는 악업이 3가지로 이 모두를 합해 10악업十惡業이라고 한다.

이를 좀 더 구체적으로 살펴보면 몸으로 짓는 업은 살생殺生·도행盜行·음행淫行이 있고, 입으로 짓는 악업은 기어綺語·망어妄語·양설兩舌·악어惡語가 있으며, 뜻으로 짓는 악업은 탐貪·진瞋·치痴가 있다.

이러한 10가지 악업은 각기 상품·중품·하품으로 다시 분류가 되는데, 상품 악업을 지은 사람은 아귀가 되고, 하품 악업을 지은 사람은 축생畜生이 된다. 다만 이러한 것은 실제 그렇게 된다는 게 아니라 근기에 따른 방편일 뿐이다.

사람들은 악업을 행하지 않으면 선업이 되는 게 아니냐고 생각하는데 그렇지 않다. 반드시 적극적으로 선을 행해야 한다. 그렇다면 10악을 어떻게 10선으로 전환하느냐가 중요하다. 그것은 살생을 안 하는 것으로 그치지 않고 죽어 가는 목숨을 살려야 한다〔放生〕.

그런데 불자들은 방생의 의미를 모른 채 미꾸라지를 사다가 물에 놓아 주는 것을 방생으로 잘못 알고 있다. 큰 생명을 살리는 것이 진정한 방생이다.

부처님은 "어떤 중생이든지 죽어 가는 목숨을 보거든 제 목숨을 팔아서라도 반드시 살려주라"고 하셨다. 고기가 죽어 갈 때 비구승이 그냥 지나가면 원망을 한다. 또 도둑질을 안 하는 것이 선이 아니라 보시布施하는 것이 선이다. 이를테면 자기가 가진 것을 가난한 이웃을 위해서 아낌없이 주어야 선이다.

사람들 중에는 이렇게 반문하는 사람들이 있다.

"남의 것을 훔치지 않으면 괜찮지 않나요?"

이것은 너무나 당연한 말이다. 남을 것을 훔치지 않는 행위에 머물거나 자족하지 말고 여기서 한걸음 더 나아가 자기 것을 남들과 기꺼이 나눌 줄 알아야 한다. 음행婬行의 경우에도 억제하는 것은 물론이요, 나아가 범행梵行을 할 수 있어야 한다.

입으로 짓는 악업을 어떻게 하면 선업으로 전환할 수 있을까? 이는 기어를 정직어로, 망어를 진실어로, 양설 대신 화합어로, 악어를 유연어로 바꿀 때 가능하다.

마지막으로 의로 짓는 악업인 탐심貪心·진심瞋心·치심痴心에 대해서 부처님은 이렇게 말했다.

> 다탐중생多貪衆生은 부정관不淨觀하고,
> 다진중생多嗔衆生은 자비관慈悲觀하고,
> 다치중생多癡衆生은 인연관因緣觀하라.

'탐심이 생기게 되면 부정관을 하라.' 이 말의 핵심에는 애욕에 대한 경책이 있다. 잘난 사람이나 못난 사람이나 한 꺼풀 벗기고 나면 그 속에는 오물로 가득 차 있다. 그래서 눈앞에 천하의 양귀비가 있다 해도 그녀의 뱃속에 들어 있는 오물을 상상해 보면 마음이 홀리지 않을 수 있다.

이것을 '백골관白骨觀'이라고도 하는데, 사람의 해골은 하나같이 보기에 흉측하다. 아무리 천하의 절세미인이라도 그 사람의 겉만 보지 말고 백골을 상상하면 탐심이 동하지 않게 된다.

그리고 진심, 즉 화내는 마음은 자비의 마음으로 고쳐먹어야 한다. 자慈는 중생에게 즐거움을 준다는 뜻이고 비悲는 자기를 희생해서 중생을 돕는다는 뜻인데, 화를 안 내는 데서 그치지 않고 자비로운 마음을 갖는 적극적 행위를 강조한 것이다.

치심癡心, 즉 어리석은 마음은 인연관因緣觀을 하라고 하였다. 원래 '치'는 '탐'과 '진'에 따라다니는 것으로, 어리석으니 탐심이 생기고 성을 내게 되는 이치다. 우리가 어떻게 하면 이 어리석은 집착을 끊을 수 있느냐가 관건인데 그것은 인연의 이치를 터득해야 한다.

인因은 씨앗이고 연緣은 조건으로 인과 연이 닿아야 만나게 되고 매사가 성립된다. 어리석은 중생들이 이것을 모르고 자꾸 집착하여 만萬 가지 고통이 생기는 것이다. 만상이 인연이 닿으면 생하고, 인연이 다하면 없어진다. 그런데 좋은 것을 억지로 잡아 두려고 할 짓 못할 짓 가리지 않고 범하는가 하면, 사랑하는 사람이 평생 자기 곁에 있을 줄 알았다가 떠나면 통곡하게 되는 것이다. 이렇게 인간이 연기緣起된 존재인지 모르고 사는 자가 바로 중생이다.

10악을 10선으로 바꾸는 것을 '인천교人天敎'라고 한다. 하지만 이것은 팔만대장경의 입문에도 끼지 못하는 단계다. 부처님의 교리가 이렇게 길고 길다. 그래서 부처님께서는 모든 중생이 각자 제가 갖고 있는 보물을 모르고 허덕이는 모습을 깨우쳐 주려고 온 것이다.

결국 신심의身心意, 즉 몸과 마음과 뜻이 청정하면 부처님과 함께 있는 것이요, 그렇지 않으면 부처님 당시라도 같이 있지 못한 것이다. 부처님은 이 한마디를 한 것이다.

안목과 근기에 따라 수행법이 다르다

앞서 언급했지만 불교 경전은 매우 체계적으로 되어 있다. 그중에서 인천교人天敎는 불교에서는 유치원 수준의 가르침에 해당한다. 그 다음에 초등학교에 해당되는 소승성문승小乘聲聞乘이 있고, 중학교 수준의 소승연각승小乘緣覺乘이, 고등학교는 대승보살교大乘菩薩教가 있으며, 대학교 수준의 대승실교大乘實敎가 있다. 《법화경》이 대승실교가 된다.

그러나 법 자체에 차이가 있는 것은 아니다. 다만 사람에 따라 차이가 있을 뿐이다. 즉 인천교를《화엄경》보살이 닦으면 상상십선법上上十善法이 된다. 그래서 10악 자체가 그대로 도道가 되는 것이다.

부처님 당시에 두 명의 비구가 있었다. 한 명은 살계殺戒를 범했고, 다른 한 명은 음계婬戒를 범했다. 이 경우 반드시 법의 선배를 찾아가서 참회를 해야 하는데, 당시에 우바리 존자가 지계持戒 제일로 유명했으므로 그 앞에 가서 참회를 구했다.

"우리가 살계와 음계를 범했으니 잘못했습니다. 참회를 허락해 주십시오."

그런데 우바리 존자가 그들에게 다음과 같이 말하며 호통을 쳤다.

"삼세제불三世諸佛이 출현해도 불통不通 참회다."

이렇게 되면 두 비구는 영원히 매장되는 것이다. 구원받을 길이 없는 것이다. 하는 수 없이 그들은 유마 거사를 찾아갔다. 유마 거사한테 찾아가서 사실을 털어놓고 참회를 구했다.

그러자 유마 거사가 그들에게 말했다.

"죄상이 있으면 내게 가져 오너라. 그러면 참회시켜 주겠다."

그런데 죄의 모양이 어디 있는가? 죄의 모양이 본래 없는데 어디다 갖다 바치고 어디다 대고 참회를 할 수 있는가? 참회를 할 사람은 누구고 받을 사람은 누구인가?

따라서 밝은 태양에 눈이 녹듯이 법 하나를 가지고 우바리 존자가 닦은 것은 10선법이 되고, 유마 거사가 닦은 것은 상상십선법이 된 것이다.

그래서 소승성문승이 닦는 것으로 고집멸도苦集滅道 사제법四諦法이 있다. 이때 고苦만 해도 수천 가지고, 집集도 수천 가지, 멸滅의 법도 수천 가지, 도道의 법도 수천 가지가 있다. 이 수천 가지가 되는 것에 대해 소승불교에서는 이렇게 말을 한다.

고苦가 무서워서
고를 만드는 집착을 끊고
망상을 멸하는 도를 닦는다.

그런데 《화엄경》 보살은 같은 10선법을 닦는데 4성계四聖戒를 다음과 같이 말한다.

고苦가 곧 도道다.
망상은 본래 마음이 없는데 누가 끊는가?

이렇게 같은 법을 가지고도 닦는 법이 다르다. 그러므로 모든 법은 자신의 안목과 근기에 따라 수행법도 다를 수밖에 없다.

■ 란허록

꿈인 줄 알면 해결되는 지혜

오늘날 현대사회가 처한 위기를 어떻게 극복해야 할까? 최근 들어 서양의 대학교수들이 우리나라에 자주 다녀갔다. 우리가 서양사회와 문화를 동경하는 데 반해, 서양인들은 원자핵이나 다른 물질문명의 발달로 자멸위기에 봉착해 있다고 생각하여 그 위기 극복의 대안으로 동양의 정신문화를 연구하기 위해서다.

서양인들의 양단론兩端論은 유有는 유이고 무無는 무일 뿐이며, 인간과 자연도 서로 모순되므로 조화를 이룰 수 없다고 생각한다. 오직 대립과 투쟁으로써만 극복될 수 있다는 이론인데, 이것이 오늘과 같은 서구 문명을 낳고 인간과 자연의 대립을 일으켜 결국 자연으로부터 보복을 받고 있다. 또한 극단적으로 대립하게 되니 생명에 위협을 받고 위기의식 속에서 살아가게 된다.

그렇다면 이러한 문제를 근본적으로 해결하기 위해서는 어떻게 해야 할까? 세상의 복잡함을 피하기 위해서 무조건 안정만을 추구한다면 문제 해결은 영원히 불가능하다. 여기서 동양 사상의 진가를 알 수 있다. 동양 사상에서는 세상이 아무리 복잡하고 힘들어도 허공에 고요히 앉아서 생각해 보라고 제안한다. 그러면 삼라만상이 괴로울 것이 하나도 없게 된다. 전부가 내 것이니 말이다.

백천중류百千衆流는 천만 년을 흘러도 쉬는 법이 없다. 바다를 볼 것 같으면 육지에서 모든 냇물이 내려와서 바다로 들어가지만 어떤 물이든 일단 바다에 들어오게 되면 짠맛이 되지 다른 맛이 되지 않는다. 왜냐하면 바다는 원래부터 크고 한량없기 때문에 육지의 백천중류가 바다 맛이 되는 것이다.

이처럼 우주의 삼라만상이 허공에 이르면 하나가 된다. 허공에서는 우주 삼라만상이라는 것에는 차별이 없다. 마찬가지로 성인聖人의 입장에서 보면 위기가 있더라도 그것이 위기가 되지 않는다. 본래 빈자리라는 것을 확연히 봤거나 믿거나 체득한 사람에게는 문제가 될 것이 없다. 그리고 그 자리에서는 위기다, 불안이다 하는 것도 본연의 자리에서 말하면 본래 불안이 없으니 해소할 것도 없고 본래 위기가 없으니 안심할 것도 없다.

꿈속에서 큰 다이아몬드를 하나 얻어서 분명히 장롱 속에 넣었는데, 꿈에서 깨어나 장롱을 아무리 뒤져도 다이아몬드는 온데간데없다. 도대체 어느 것이 진짜인가? 꿈이 진짜인가? 꿈을 깬 상태가 진짜인가? 인생은 대몽大夢이다. 중생은 꿈을 진짜라고 착각하며 살아간다. 반면 부처님은 이 대몽을 깬 분이기 때문에 중생에게 희로애락, 그 모든 것이 꿈이라고 가르쳐 주고 있다. 만상은 실체가 없다. 전부가 환이요, 허상인 것이다. 어느 한 순간도 고정되어 있지 않고 부단히 변화하다가 결국 사라지고 마는 것이다.

하지만 꿈속에 있는 사람에게는 분명히 꿈속에서 보는 물건이라도 찬 것은 차고 뜨거운 것은 뜨거운 것이다. 이것이 중생의 실상이다. 그래서 꿈속에 있는 사람에게 꿈속의 사실이 헛되다고 말해도 모르는 것이 아닌가. 따라서 꿈속에 있는 사람의 입장에서 우리가

■ 탄허록

설명할 수 있는 길은 어떤 것이 있을까?

이러한 사고방식에서 벗어나는 유일한 방법은 스스로 꿈에서 깨는 것밖에 없다. 아니면 누군가 그 꿈을 깨는 방법을 가르쳐 주는 길밖에 없는데, 꿈꾸는 사람에게 아무리 꿈에서 깨라 해도 깨지 않는다. 어쩔 수 없이 잠꼬대하는 사람에게는 잠꼬대하는 것으로 가르쳐야 한다.

그런데 이것이 문제다. 요즈음 중·고등학교 교육과정에 불교 경전에 관한 글을 한 줄도 넣지 않으니, 전혀 모르는 사람에게 어떻게 가르쳐야 한단 말인가. 일제시대만 하더라도 이렇게 난감하지 않았다. 그때는 중학교 교과서만 해도 유교의 《논어》, 불교 사상 등 성인의 말씀이 필수과목이었다. 또 전문학교에서는 역학, 노장 사상老莊思想, 불교 철학을 필수로 가르쳤다.

그런데 지금은 어떤가. 이러한 과목을 가르치는 곳이 없다 보니 잠꼬대하는 사람에게 당신이 지금 꿈속에 있다고 아무리 말해 줘도 이해하지 못한다.

동양 사상이 학교교육으로 제도화된다면 어려운 일에 직면했을 때 스스로 그것이 꿈인 줄 알고 해결할 수 있는 지혜가 생길 것이다.

성인은 성性의 자리, 범부는 정情의 마음자리

마음자리에서 보면 인간성人間性과 불성佛性은 둘이 아니다. 그런데 인간성이다, 불성이다, 신성神聖이다 하여 구별하는 이유는 무엇일까? 그것은 어느 자리에서 쓰냐에 달려 있다. 성인은 그 모든 것이 성性의 마음자리에서 나온 것임을 알고 쓰기에 불성이니, 신성이니 한다.

반면에 범부는 모든 현상적 존재가 성의 자리에서 나온 것임을 모르고 쓰기에 인간성이라 한다. 이 둘의 차이점은 성인은 성性의 자리에 앉아서 쓰는 것이고, 범부는 정情의 자리에 앉아서 쓰는 데 있다.

성의 자리에서 쓰는 사람에 따라 성 자리를 이름하여 '중中'이니 '도道'라 한다. 도는 '사람이 당연히 가는 길'을 의미하고 다른 말로는 '덕德'이라고도 한다. 덕이란 "마음을 닦아 얻은 진리〔得於心之謂德〕"를 말한다. 또 진리란 모양이 끊어졌다는 뜻인데 온갖 다른 이름의 대명사로 불린다. 대명사는 달을 가리키는 손가락과 같다. 어리석은 사람은 달을 가리키면 달은 안 보고 손가락만 본다.

여기에서 대명사는 마음자리를 표현하기 위한 다양한 방편들이다. 이를테면 그 대명사에는 하나님, 도, 진리 등이 있다.

이렇게 성의 자리를 일러 주기 위해 수많은 대명사가 나온 것이다. 예컨대 '김탄허'라고 할 때 '김탄허'는 대명사이지 김탄허라는 실물은 아니다. '김탄허'라고 부르는데 못 알아들으니 '동국대학교 선원장禪院長'이라고 하고, 그래도 못 알아들으면 '오대산 주인'이라 하고, 그래도 또 못 알아듣는다면 우리 아버지 이름을 빌려 '아무개 아들'이라 한다. 또 우리 형님 이름을 빌려와 '아무개 아우'라고 한다.

이렇게 김탄허다, 동국대 선원장이다, 오대산 주인이다, 누구 아들이다, 아무개 아우다, 라고 하는 것, 그 모든 것들은 대명사이지 실물이 아니다. 김탄허의 실물은 현재 이 글을 쓰고 손가락을 움직이고 있는 존재 그 자체다. 그 자리는 명사가 끊어진 상태다. 이처럼 성 자리는 본래 명자名字로 얘기할 수가 없는 자리다.

결론적으로 인간성과 불성은 둘이 아닌 것인데 성인은 성의 자리를 알고 쓰니 하루 종일 희로애락애오욕의 칠정을 써도 칠정이 없는 본래의 자리로 돌아간다.

그런데 범부는 시공이 끊어진 성의 자리를 모르고 쓰므로 항상 망상에 허덕이면서 고해苦海에서 생멸을 거듭하게 된다. 성의 자리를 깨닫는 것을 가리켜 견성見性이라고 한다.

《맹자》의 진심장편에 다음과 같은 구절이 있다.

"마음을 극진히 연구하는 자는 그 성리性理를 아나니, 그 성리를 알면 천리天理를 안다."

유교 서적 수천 권을 종합해 놓으면 존심양성存心養性 또는 진심지성眞心知性으로 정리할 수 있다. 또 불교 서적 수천 권을 종합해 놓으면 명심견성明心見性, 즉 "마음을 밝혀 성을 본다"로 요약할 수 있다. 그리고 도교 서적 수천 권을 모아 핵심을 정리하면 수심연성修心練性, 즉 "마음을 닦아서 성을 단련한다"가 된다.

결국 도교의 수련修練, 유교의 존양存養, 불교의 명견明見, 이 모두가 심성心性을 말한 것이다. 즉 철학적으로나 학문적으로 접근하는 과정에서 조금 차이가 있을 뿐 모두 같은 것을 일컫는 말이다.

그러므로 옛 조사祖師의 말씀에 다음과 같은 내용이 있다.

"유교가 뿌리를 심는 것이라면 도교는 뿌리를 북돋워 주는 것이고, 불교는 뿌리를 뽑는 것이다〔儒植根, 道培根, 釋拔根〕."

심고 북돋우는 것은 점진적인 것으로, 뿌리를 뽑게 되면 결국 심고 북돋울 것이 없지 않겠는가.

생명이란 연緣을 만나 운행하게 되는 것

10조 9만 5천 48자에 이르는 방대한 분량의 《화엄경》에 관한 연구와 번역을 17년을 두고 지속해 오다가 지난 1974년에 완간完刊을 보았다. 이런 나를 두고 혹시 건강에 문제가 없는지 평소에 어떻게 섭생을 하는지 궁금해 하는 이들이 있다. 그러나 나는 별다른 섭생은 하지 않는다. 내가 건강을 유지하는 길이라곤 딱 한 가지뿐이다. 즉 생명의 본처本處 자리로 항상 나를 귀경歸竟시키고자 하는 노력이 있을 뿐이다. 이때 노력이란 사방에 신경을 안 쓰는 것이다. 즉 신경을 쓰면서도 안 쓰는 도리가 있을 뿐이다.

생명의 본체는 무형無形, 즉 시공이 끊긴 자리다. 생명의 본체는 무형이지만, 그 본질인 씨가 4대地 · 水 · 火 · 風의 연緣을 만나 운행하게 되는 것이 생명이다.

그렇다면 생명의 구체적 표상은 곧 이 육체를 집으로 하여 아(我: 소아)로 나타나는 것일 텐데, 이것을 어떻게 올바르게 운행해야 할까?

답은 한 가지, 무아無我가 되는 것뿐이다. 무아가 되지 못하고 유아有我일 때 본명本命의 본처 자리에서 이탈하게 된다. 그러다 보니

고苦가 생기고 아픔이 일어난다. 도道란 무아를 이루어 나가는 길이다. 따라서 무아가 될 때만이 연緣을 자유자재로 요리할 수가 있다.

어떤 생명이나 일이 되었든 착수했다면 한 번은 끝나게 되어 있다. 조그만 세사世事조차도 착수한 일은 끝을 보게 되어 있기 때문이다. 그런데 일대사一大事인 무아가 되는 일에 착수해 놓고 끝을 맺지 못한다는 것은 있을 수 없는 일이다.

그렇다면 육체를 가지고 세상에 온 생명이 무수할 텐데, 과연 이 수많은 생명 가운데 무아를 이루어 본처本處로 귀환한 개체는 과연 얼마나 될까? 고작 성인聖人 몇 사람이 있을 뿐이다.

그렇다면 그 이유는 어디에 있는가? 모두 유아有我로 머무르다 끝나기 때문이다. 유아는 집착해서 꿈속에 빠져 지내므로 범부로 떠돈다. 그러다 보니 윤회에 떨어지고 업業을 지어 본체를 잃어버리고 헤매게 된다.

우리는 '중생衆生'이라는 단어가 얼마나 무서운 말인 줄을 알아야 한다. 유아로서는 인연을 만나야 조금이라도 운행할 수 있지만, 무아가 되면 인연 자체를 마음대로 요리할 수 있다. 그럼에도 불구하고 중생인 까닭에 무아의 길에서 항상 이탈하고 만다.

그렇다면 중생의 일생은 항상 헛되이 그치고 마는 것일까?

물론 그렇지는 않다. 무아無我이고자 하는 노력은 비록 이번 생에 도道를 이루지 못했다고 해도 내생을 위한 씨앗이 되기 때문이다.

인생을 임종 연습이라거나 열반 연습이라고 생각하는 사람들이 있다. 결국 되는 대로 살아 버린 인생, 즉 자아의 확충이나 출세 혹은 물질의 축적에 매료되어 살고 있는 인생은 허무하기만 한 것일까? 그렇지는 않다. 대신 우리는 공부를 해야 한다. 분명히 밝히지만 공부를 한다는 것은 결코 헛된 연습이 아니다. 당대에 무아가 되자는 발심發心을 해야 한다. 무아의 경지를 볼 수 있으면 더욱 좋고, 혹시 보지 못한다고 해도 공부를 한다는 것은 결코 불필요한 연습이 아니다. 공부는 분명히 내생에 훨씬 뛰어난 씨앗을 만드는 인因이 될 테니 말이다.

이때 도道의 자리는 모든 사람이 동일한 모습은 아니다. 도의 자리만큼 계급이 세밀한 것도 없다. 무아의 경지를 보았다고 해서 행동이 투철해지는 것은 아니다. 힘이 있어야 한다. 그래서 무아를 보았다고 해도 힘에 있어서는 현인을 당하지 못하다.

때때로 현인이나 성인도 시운時運에 따라 움직인다는 말이 있다. 현실적인 시류에 영합해 간다는 의미로 해석하기도 하는데, 이것은 틀린 말이다. 현인이나 성인은 어느 때나 무아다. 오늘날 그 풀이가 잘못되고 있음이 분명하다. 무아는 시공의 본처인데 가당치 않은 말이다.

불교의 내세관에서는 내세를 부정하면 현실도 없어야 한다. 요약해서 말하면 오늘이 있으니 어제가 있었고 내일이 있고, 금년이 있으니 거년去年이 있었고, 내년이 있다. 현재가 있으니 과거가 있었고 미래가 있다는 삼세三世, 즉 삼세윤회설三世輪回說을 철두철미하게 말한 것이 불교다.

그래서 언제나 콩을 심으면 콩이 나고 팥을 심으면 팥이 난다는 인과법칙은 추호도 어김이 없다.

그러나 유교에서는 인과법칙을 현실만 갖고 본다.

"적선지가積善之家에 필유여경必有餘慶이요, 적불선지가積不善之家에 필유여앙必有餘殃이다."

이 말은 현실만 가지고 교법을 세우기 때문에 현재에 받는 과果가 조상이 쌓은 인因으로 나타난다고 본 것이다.

반면 불교의 인과법칙은 누가 주어서 받는 것이 아니라 자기가 짓고 자기가 받는 것이다. 불교 경전 중 《인과경》에 다음과 같은 구절이 있다.

전생의 일을 알려면 금생에 받는 것이 전생 일이고,
내생의 일을 알려면 금생에 짓는 것이 내생 일이라.

이 구절에서처럼 내생의 문제는 금생에 지은 선이나 악을 생각해 보면 그 속에 다 들어 있다. 어리석은 사람들 중에는 다음과 같이 말하는 이들이 있다.

"전생에서 아버지나 할아버지 또는 조상들 중에 누가 무슨 죄를 지었기 때문에 이생에 이렇게 태어난 것이 아닌가 생각하면 좀 위로가 됩니다."

하지만 이것은 불교를 정확히 이해하는 것과는 좀 다르다고 하겠다.

무엇으로 평생의 도道를 삼을 것인가?

오늘날 각 종교에 믿음은 많다. 하지만 불교의 관점에서 본다면 바른 믿음(正信)을 가진 사람이 과연 몇이나 될까 싶다. 만약 주관 밖의 어떤 객관적 대상을 믿게 되면 그것은 바른 믿음이 아니다. 그렇다고 객관의 대상이 없는 주관만이 있다면 이것 또한 바른 믿음이 되지 않는다. 주관과 객관이 완전히 사라진 믿음이라야 진정한 정신이 될 수 있다. 하지만 보통 사람들은 공부를 하지 않았기 때문에 그것을 모른다.

불교에서 말하는 참 믿음이란 믿는다고 하는 것까지 끊어진 자리를 말한다. 주객이 끊어진 믿음인 실견득實見得을 성취해야 한다. 그런데 이것은 사유를 넘어선 믿음이므로 일반인들에게는 너무 어렵게 느껴질 수 있다. 그럼에도 그것을 목표로 삼아서 나가야 한다. 《반야심경》에 나오는 '이무소득(以無所得: 하는 바 없이 얻음)'처럼 믿음도 무소득無所得이 되어야 한다.

옛날 어떤 학자가 사마온공司馬溫公에게 물었다.

"어떤 것이 평생을 행할 도입니까?"

그러자 사마온공이 대답했다.

"성(誠: 진실하여 망훓이 없음)이다."

학자가 다시 물었다.

"그러면 먼저 어떻게 행해야 합니까?"

사마온공이 대답했다.

"망령되이 보지 말고 망령되이 말하지 말라."

이와 같이 보지 않을 것은 보지 말고, 말하지 않을 것은 말하지 말며, 바로 보고 바로 말하는 것으로 성을 행하는 방법을 가르쳤다.

또 세상에 처세할 때는 부드러운 것이 좋고, 강하고 굳센 것은 화禍의 근원이 된다고 했다. 공자와 안연의 대화를 살펴보면 처세에서 가장 중요한 것은 무아무인無我無人, 즉 주객이 끊어진 행行이지만, 그렇지 못하면 학자와 사마온공의 문답에서 보았듯이 망령되이 보지 않고 망령되이 말하지 않는 것이 차선次善인 것이다.

이와 관련하여 《시전詩傳》3백 편에는 수많은 이야기가 담겨 있다. 그런데 이것을 한마디로 표현한다면 "생각에 삿됨이 없다"라고 할 수 있다. 《시전》을 '사무사思無邪'라고 말한 것은 중中의 자리에서 보았기 때문이다. 또 이 책을 성인의 경전으로 받드는 것도 바로 사무사 때문이다.

희로애락애오욕喜怒哀樂愛惡慾, 즉 모든 생각이 일어나기 전을 중中이라고 한다. 중이란 시간과 공간을 초월한 자리이지만 희로애락이 없을 수 없는 것이니 일단 생겨났다가 다시 절차에 합하는 것이 중인데, 성인도 그것이 없을 수 없지만 일어났다가 중으로 돌아가는 것이다. 그렇게 되는 것이 성誠이다.

따라서 본래 진실해서 망상이 없는 자리는 천도天道이며, 진실 무망하도록 노력하는 것은 사람의 도[人道]다.

그러므로 본래부터 진실 무망한 데서 밝아진 것을 성誠이라 하고, 밝은 자리로부터 밝아져서 진실 무망인 것을 교敎라 한다.

교리에도, 불립문자에도 집착하지 말라

조사들이 부처의 가르침을 따르는 과정에서 달마 대사의 '사행관四行觀'을 간절해한다. 사행관을 살펴보면 첫째 보원행報怨行, 둘째 수연행隨緣行, 셋째 무소구행無所求行, 넷째 칭법행稱法行이 있다. 그 구체적인 내용을 살펴보면 다음과 같다.

첫째, 보원행은 어떤 액난厄難이나 고통을 당해도 이것이 과보果報거니 하고 생각하는 것이다. 이렇게 생각하면 안심이 된다. 중국 사람들은 칼을 맞고 죽을 때도 합장을 하며 "천명天命"이라고 말한다고 한다. 멀리 유교, 도교에서부터 싹터 온 사상이다.

혹시 죽임을 당하더라도 그들은 천명이라 생각하고 편안히 눈을 감는다. 이와 같이 어떤 액난을 당해도 과보果報라 생각하고 마음을 편안히 갖는 것이 보원행이다.

둘째, 무소구행은 구하는 바가 없는 행위다. 고통이란 원願이 많은 것이 제일 고통스러운 것인데, 구할 바가 없다고 하면 그것이 가장 잘 구하는 것이다. 도를 구하는 것은 구하는 바가 없는 구함이다. 이에 비해 재財·색色·식食·명命·수睡 등 오욕五慾을 구하는 것은 구할 바 있게 구하는 것이다. 이것이 가장 고통이 많이 따르는 구함이다.

셋째, 수연행은 연緣을 따르는 행위다. 연을 따른다는 것은 굳이 회피하지 않는 것이다. 피하지 않고 연을 따라서 행하는데, 일이 닥쳤을 때 응작應作·불응작不應作을 관觀해서 당연히 해야 할 일은 하고 하지 않아야 할 일은 끊어 버려야 한다. 당연히 해야 할 일을 하지 않고 회피하는 것은 이기심이요, 또 하지 않아야 할 일을 하는 것 또한 안 되는 일이다. 해서 안 될 일은 과감히 끊고, 해야 할 일은 목숨을 바쳐서 하는 것이 공부하는 사람의 자세라 할 수 있다. 이와 같이 연을 따라서 행하는 것이 수연행이다.

마지막으로 칭법행은 법에 합한다는 뜻인데, 이 법은 사회법이 아니라 진리에 합한다는 의미다. 능能과 소所가 다 끊어진 것, 즉 내가 하는 바도 없고 할 바도 없어진 경지를 말한다. 이처럼 마지막 회통되는 것을 칭법행이라고 한다. 이것이 달마 대사의 사행관으로 칭법행을 통하여 도에 들어간다.

그런데 달마 대사가 "불립문자不立文字 직지인심直指人心 견성성불見性成佛"이라 한 것은 그 당시 고질적인 병, 즉 교리와 지식에 지나치게 치우친 병폐는 고쳐 주었지만 후세에 큰 화근禍根이 되었다. 달마 대사가 불립문자로 깨달았다고 해서 요즘 무식한 수좌들 중에는 진짜로 문자가 쓸데없다고 생각하는 이들이 있다.

그렇다면 팔만대장경이 전혀 필요 없다는 말인가? 불립문자란 '문자가 쓸데없다'는 의미가 아님을 달마 대사의 전법 제자傳法弟子 육조六祖 혜능 스님의 어록에서도 찾아볼 수 있다.

육조 혜능 스님은 제자들에게 다음과 같이 말했다.

"그대들이 달마 대사의 말을 빌려 걸핏하면 문자가 필요 없다고 하는데, 스스로 자기 미迷한 것은 옳거니와 어찌 부처님의 경전까지 비방하는가. 이런 견해는 그릇된 것이니 마땅히 당장 고칠 일이다."

달마 대사가 불립문자를 주장한 것은 당시 광통율사廣通律師, 보리

류지菩提流支 등이 지나치게 교리에만 집착하는 것에 대한 병폐를 고치기 위함이었는데 훗날 그것이 오히려 큰 병이 된 것이다. '불립문자'는 문자가 주체가 되어서는 안 된다는 의미일 뿐 문자가 쓸데없다는 말이 아니다.

이와 관련하여 위산潙山 스님과 앙산仰山 스님의 일화를 살펴보자.

위산 스님께서 앙산 스님에게 말씀하셨다.

"너는 경經을 보아라."

이 말을 들은 앙산 스님이 대답했다.

"평소에 경을 보지 말라 하시더니 어찌 저에게는 경을 보라 하십니까?"

그러자 위산 스님께서 대답하셨다.

"너는 다른 이들과는 다르다. 그들은 제 할 일도 못하지만 너는 인천人天의 스승이 되어야 할 몸이다."

어느 날 위산 스님이 경전을 보고 있는데 한 스님이 와서 물었다.

"저희들에게는 경을 보지 말라고 하시더니 스님은 왜 경을 보십니까?"

그러자 위산 스님께서 말씀하셨다.

"나는 경전을 보고 있는 것이 아니라 눈가림하고 있다〔只圖遮眼〕."

다시 한 스님이 물었다.

"그렇다면 저희들은 무얼 하고 있는 겁니까, 눈가림하는 것이 아닙니까?"

위산 스님께서 대답하셨다.

"너희들은 소가죽도 뚫는다〔牛皮也透得〕."

이 말의 의미는 '소가죽도 뚫을 만큼 경전에 집착한다'는 뜻이다.

이 일화가 전달하고자 하는 핵심은 배우는 사람의 근기에 따라 가르치는 방법이 모두 다를 뿐만 아니라, 바로 보고 바로 듣는 사람은 그런 데 걸리지 않는다는 것이다.

부처님은 오고가는 것이 없다

불경에 '오오백세五五百世'라는 말이 있다. 이 말은 부처님 자신이 열반에 든 이후를 예언해 놓은 것이다. 부처님은 자신이 열반하면 그동안 세웠던 불법이 점차 무너져 갈 것이라고 하시고, 구체적으로 5백 년을 한 단위로 하여 다음 다섯 단계를 거치면서 쇠퇴해 갈 것이라고 하셨다.

즉 부처님은 이 세상을 떠나신 후에 제1단계 5백 년 동안에는 입산수도하는 사람이든지 불교를 믿는 사람이면 대개 해탈경지에 이르게 되고, 제2단계 5백 년 동안에는 낱낱이 해탈은 못하지만 선정禪定, 곧 도를 닦을 줄 아는 사람이 많고, 제3단계 5백 년 동안은 해탈도 선정도 없이 다만 많이 들어서 팔만장경의 교리에 통달하여 박문강기博聞强記하는 지식 면으로만 발달하고, 제4단계 5백 년 동안에는 해탈도 선정도 다문多聞도 없이 절이나 짓고 탑이나 쌓는 사업만을 숭상하고, 제5단계 5백 년 동안은 해탈도 선정도 다문도 탑사도 없이 다만 명예나 재리財利를 가지고 싸움만을 일삼는다고 하셨다.

이 예언은 부처님께서 세대가 내려갈수록 풍속이 세속화되어〔世降俗末〕깨닫기가 어려워짐을 지적한 것이다. 성인의 발자취는 점점 멀어지고 중생의 마음은 점점 거칠어질 것을 예견하고 하신 말씀일 것이다.

우리는 인지가 발달된다고 하지만, 성인이 볼 때에는 인지가 발달되는 것이 아니다. 그렇기 때문에 시대가 지나갈수록, 물질문명이 발달할수록 망상은 더 많아지고 도 닦기는 어려워지는 것이다.

그러나 부처님은《능엄경》에서 다음과 같은 말씀도 하셨다.

"한 사람이라도 진리를 발견해서 근원으로 돌아가면 시방 허공이 다 녹아떨어진다."

즉 한 사람의 마음 광명이 세상을 구원할 수 있다는 말이다. 이 말은 새로운 성인 또는 선각자가 나와서 다시금 인류를 구원한다는 뜻이 아니다.

《원각경》에는 다음과 같은 구절이 있다.

"비록 말세라도 마음에 허망함을 내지 않으면 부처님은 이런 사람을 바로 현세의 보살이라 하신다."

인류 구원은 새로 어떤 성인이 나타나야만 가능한 것은 아니다. 누구에게 의지할 것이 아니라 우리 중생이 스스로 깨달아 청정한 본마음으로 돌아갈 때 가능하다.

부처라는 것은 오고 감이 없는 것이다. 누구든지 그 사람의 몸과 입과 뜻이 청정하면 부처가 거기 머무르는 것이요, 그렇지 않으면 머물지 않는 것이다. 그러므로 '부처님 오신 날'도 따로 없다. 언제든지 그 뜻과 행실이 청정하면 부처님이 오신 것이고 그 뜻과 행실이 청정치 못하면 부처님은 이미 가신 것이다.

| 4장 |
생사_태어난 이여,
죽음을 피할 길 없구나

"우리가 고요한 곳에서 도닦는 것은 시끄러운 데 쓰기위함이다.
분별의 하는 것은 가난한데 쓰자는 것이오.
깨달음은 얻어서 수많은 중생 구제를 하기위함이다."

참선 문에 들어서면
알음알이는 벗어 던져라

어떤 사람이 삼[麻] 짐을 허리가 부러지게 잔뜩 지고 험한 산길을 걸어가던 중 반짝이는 무언가를 보고 발걸음을 멈췄다. 가까이 가 보니 금이었다. 덩어리가 무척 커서 값어치가 어마어마할 듯했다. 뛸 듯이 기뻤지만 순간 고민이 생겼다. 삼 짐을 지고 가자니 금덩이를 버려야 하고 금덩이를 지고 가자니 지금까지 힘들게 지고 온 삼 짐을 버려야 했다.
그는 어떻게 할까, 한참을 망설이다가 마침내 결단을 내렸다.
'그래, 금덩이도 중하지만 몇 천리를 지고 온 전공[前功可惜]이 아까워서라도 삼을 포기할 순 없지.'
이 얼마나 어리석은 노릇인가. 진짜 보배를 만났으면 아무리 공들여 얻은 것이라도 가짜는 버리는 것이 마땅하다. 그런데 작은 집착을 벗어던지지 못해 귀한 보물을 얻지 못한 것이다. 중생의 인생살이가 이와 같다.
참선에서도 법의 큰 보배를 얻으려면 지금까지 짊어지고 온 알음알이, 선입지견先入知見을 깨끗이 버려야 한다. 깨달음과 알음알이는 함께 갈 수 없는 것이기 때문이다.

"참선 문에 들어와서는 알음알이를 두지 말라."

이 말의 뜻은 종전 악지견惡知見을 모두 버리고 순직한 마음으로 법문을 받아들이고 오직 실답게 참구해야 한다는 뜻이다.

참선 법문에 비하면 모든 교리는 삼 짐에 불과하고, 참선은 금덩이와 같은 것임을 철저히 알아야 한다.

인생의 가장 귀한 것은 정법正法을 만나는 일이다. 정법을 만났으면 결코 빈손으로 돌아가서는 안 된다. 금생今生에 해탈문解脫門 중 큰 보배를 꼭 붙잡아야 한다.

예禮, 법法, 정情으로 살아가는 삶

소득이 늘어나고 생활수준이 높아졌지만 사람들이 살아가기에는 더욱 팍팍하고 어려운 시대다. 그러다 보니 사람들이 산문山門에 묻혀 세상물정에 어두운 나에게까지 와서 질문을 쏟아 놓곤 한다.

"산다는 것은 무엇입니까?"

"과연 인생은 살 가치가 있는 것입니까?"

이러한 질문은 인간의 오래된 의문이자 영원한 물음이기도 하다.

사람이 사는 것을 크게 구분해 보면 예禮, 법法, 정情 3가지 형태로 살아간다.

이때 예는 천리天理를 말하는데, 이는 세속의 예로 이해해서는 안 된다. 이러한 예의 삶을 사는 사람을 불가佛家에서는 '상근기의 사람'이라고 한다. 이는 대인군자요, 우주와 나, 객관과 주관의 구분을 완전히 잊는 물아양망物我養望의 경지에 오른 삶을 사는 사람이다.

그리고 법으로 사는 삶이란 물아양망의 경지에는 이르지 못했지만 자리自利보다는 이타利他에 치중하면서 세속 법규에 조금도 어긋남이 없이 사는 사람을 말한다. 이를 '중근기의 사람'이라고 한다.

마지막으로 정으로 사는 사람은 예도 법도 다 모르고 오직 인정人情으로만 세상을 살아가는 이들인데 한마디로 '천치' 같은 사람들이다.

선조 때 명현名賢 김사계金沙溪의 아들 김집金集 신독재愼獨齋의 이야기를 통해 예, 법, 정으로 살아가는 삶이 어떤 것인지 자세히 살펴보자.

신독재는 아버지와 마찬가지로 명현名賢이었다. 사계沙溪의 스승인 율곡의 친구 되는 딸 중에 천치가 있었는데, 신독재 같은 명현 군자가 아니면 데리고 살 사람이 없다고 생각한 율곡은 신독재와 그 딸을 중매했다.

그러던 어느 날 신독재의 장인이 죽자, 사계와 아들 신독재 부자가 며느리의 친정으로 문상을 갔다. 문상 중에 천치 부인이 갑자기 남편 신독재에게 술을 권한 게 아닌가. 그는 잠시 머뭇거림도 없이 순수하게 술잔을 받아 마셨다. 이 광경을 지켜보고 있던 사계가 크게 노하여 아들을 꾸짖었다.

"문상을 왔으면 정중하게 문상이나 할 것이지 술은 왜 받아 마시는 게냐."

꾸짖는 아버지에게 신독재가 대답했다.

"정情으로만 사는 천치에게서 남편을 향한 정마저 끊어 버리면 머지않아 폐물이 되고 말 것이니 이를 불쌍히 여겨 받아 마신 것뿐입니다."

이 말을 듣고 사계는 무릎을 치며 말했다.

"그래, 네 공부가 나보다 낫구나!"

어떤 삶이 잘 사는 삶이냐고 묻는다면 당연히 상근기의 삶이 가장 잘 사는 길임은 불문가지不問可知다. 하지만 하근기의 삶이 천치 같은 생활이라면 우리 인간의 대부분이 천치일까?

이에 관해서는 이렇게 말하는 것이 적당하겠다. 즉 성인의 문정門庭에서 볼 때 사회적 지식의 높고 낮음을 막론하고 다 유치원생의 수준이다. 그러나 우리가 상근기의 삶을 추구하며 살아갈 때 그 삶은 좀 더 살아갈 가치가 있고, 인류가 함께 행복해지는 길이 될 것이다.

한마디 이르면 살고 그렇지 못하면 죽는다

도道는 진리를 나타내는 대명사다. 한마디로 길을 가리킨다. 이때 도의 근본이란 '바른 것'이다. 따라서 길을 걷되 길 밖으로 빠져나가는 것을 경계해야 한다. 왜냐하면 오름길이든 오솔길이든 외진 길이든 길은 길이다. 그래서 본인은 길이라 여기고 가는데, 그 길이 정도에서 벗어난 곳일 수도 있다.

정도를 걷지 않고 길 밖으로 빠져나가면 결국에는 진흙 구덩이와 가시밭과 어둠 속에서 갈팡질팡하게 된다. 탈선脫線이란 어떤 의미에서든 괴로운 결과를 가져옴을 잊어서는 안 된다. 그런데 포기하지 않고 꾸준히 정도를 걷기 위해서는 강한 인내심이 필요하다. 그렇게 되면 언젠가 구경究竟의 목적지인 안심입명처安心立命處에 이르게 될 것이다.

옛 말씀에 도를 잃으면 덕德이라도 갖추어야 하고, 덕을 잃으면 인仁이라도 베풀 줄 알아야 하며, 인을 잃으면 의義라도 지킬 줄 알아야 하고, 만일 의를 잃으면 예禮라도 차릴 줄 알아야 한다고 했다.

그런데 요즘 예마저 잊으니 끝내는 법률학法律學이 나오게 되었다. 자의自意에 의한 길을 걷는 나그네가 아니라 요즘 사람은 타의他意에 의한 방랑자가 되고 있음을 명심해야 한다.

옛날에 남전南泉 스님이 뜰에서 풀을 매고 있는데, 도학자 한 사람이 다가와 법을 물었다. 마침 뱀 한 마리가 뜰을 지나갔다. 남전 스님이 뱀을 가리키며 말했다.

"한 마디 이르면 살리고 한 마디 이르지 못하면 죽이겠다."

이 시원찮은 도학자가 그만 쩔쩔매자 남전 스님은 망설임 없이 들고 있던 호미로 뱀을 죽이고 말았다. 알겠는가? 이 도리를!

대인군자는 숨 한번 내고 쉼에 전체가 경經이다. 천재란 따로 있는 것이 아니라 끈질긴 집념과 쉼 없는 노력이 원하는 결과를 안겨 줄 뿐이다. 따라서 이것저것을 넘겨볼 것이 아니라 한 가지로 꾸준히 나가야 한다. 집념과 젊음과 용기가 있는 자라면 크게 성취할 수 있다.

참선, 마음공부의 핵심

선禪이란 인도 고대 말인 범어에서 따온 말로, '생각하여 닦는다[思惟修]' 또는 '고요히 생각한다[靜慮]'는 뜻이다. 따라서 이런 공부는 불교인만이 아니라 누구나 할 수 있고, 편안한 마음을 얻을 수 있다.

그런데 불교의 선은 좀 더 깊은 뜻을 갖고 있다. 고요히 생각한다고 하지만, 무엇을 어떻게 생각하고 닦느냐에 특징이 있다.

우리 인간의 마음을 분류하면 크게 4가지로 나눌 수 있다. 육단심肉團心 · 연려심緣慮心 · 집기심集起心 · 견실심堅實心이다. 육단심은 우리의 육체적 생각에서 우러나는 마음이고, 연려심은 보고 듣는 데서 분별하여 내는 마음이고, 집기심은 망상을 내는 깊은 속마음이다. 견실심은 본성으로, 이것이 바로 부처님 마음자리다.

참선은 부처님 마음자리인 견실심을 보는 공부이며, 이것을 쓰는 것이 도다. 부처님의 교법도 분명 선의 경지를 깨우쳐 주려는 데 근본이 있는 것이니, 부처님의 8만 4천 법문과 교리는 부처님 말씀이고, 선은 부처님의 마음이라고 한다.

선이 추구하는 부처님 마음자리를 깨치면 생사가 없고 일체에 뛰어난 대해탈인이 되며, 완전한 지혜와 덕성을 갖춘 큰 성인이라고 일컫게 된다. 우주 만유의 근원적 실상 진리를 주체적으로 파악하였기 때문이다.

그렇다면 부처님 당시에 선법禪法은 어떻게 깨달아 들어갔을까?

한 외도外道가 부처님에게 물었다.

"말이 있는 세간법도 묻지 않고, 말이 이를 수 없는 것도 묻지 않습니다. 이것에 대하여 말씀하여 주시오."

이때 부처님이 잠잠히〔良久〕 있었다. 이에 외도가 일어나 절하면서 다음과 같이 말하고 돌아갔다.

"대자대비하신 세존께서 저의 미혹한 마음을 열어 주시어 저로 하여금 도에 들게 하셨습니다. 참으로 감사합니다."

부처님 곁에서 이를 지켜보던 아난존자는 이상하게 생각했다. 부처님은 한 말씀도 안 하셨는데, 도대체 무엇을 알고, 무엇이 고맙다는 것인가. 이를 궁금해하던 아난존자가 부처님께 여쭈었다.

"부처님은 한 말씀도 안 하셨는데 지금 외도는 알아들었다고 하니, 도대체 무엇을 알아들었다는 것입니까?"

부처님이 대답하셨다.

"하루에 천리를 가는 준마는 채찍의 그림자만 보아도 바람처럼 뛰어가지만, 둔鈍한 말은 궁둥이에 피가 나도록 때려도 가지 않느니라."

영리한 사람은 말로 이르기 전에 다 알아차린다는 말씀으로 외도를 빗댄 말이다. 이처럼 부처님 당시에는 수행인이 근기수승根機殊勝해서 여러 말을 하지 않아도 금방 알아차렸다.

원래 도는 분별이 붙으면 외도라 하고, 분별심이 끊어질 때 비로소 도에 든다고 한다. 부처님께서는 이와 같이 항상 살아 있는 법을 들려 주셨으니, 이는 눈 밝은 사람만이 아는 것이다.

이 도리를 모르는 사람에게는 여러 말을 하게 되고, 여러 방편을 쓰게 된다. 선禪의 여러 가지 방법은 후대에 와서 발달하게 된 것이다.

선은 근본 자성을 요달了達하여 생사를 끊는다. 우리는 아무리 힘이 있고, 건강하고, 권세가 막강해도 언젠가는 죽음을 면하지 못한다. 그것은 마음이 나고, 머물고, 변하고, 없어지는 번뇌 망상에 휘둘리기 때문이다. 이런 까닭에 생로병사도 생기는 것이다.

선은 마음속의 생멸을 없애는 것이 근본 목적이다. 하지만 마음의 생멸을 잡아 없애려 하면 더 일어난다.

따라서 이때는 '나'라는 상相이 어디서 나왔는가?' 하고 잠잠히 들여다보아야 한다. 그러다 보면 결국에는 '나'라는 놈이 없는 줄을 바로 알게 된다. 그때에만 생멸상生滅相이 사라지게 된다.

근기에 따라 생사를 초월하는 방편들

불교에는 구방심求放心하는 방법론이 조직적이고 체계적으로 갖춰져 있다. 거기다가 상중하의 근기에 따라 각자에 맞는 방편을 사용할 수 있다.

상근기를 위해서는 '참선법'이 있다. 참선이란 교리, 언론, 사량思量 등으로 이해할 수 없는 조사祖師의 말씀을 참구參究하는 것이다. 이런 조사의 말씀으로 1천7백 개의 대표적인 공안公案이 있다. 공안에 답하는 것은 예컨대 "소금이 무엇이냐"라고 물으면 "싱겁지 않은 것이다"라든가 "짜다"라고 답하지 않고 직접 소금을 맛보아 그 맛을 스스로 알게 하는 방법이다.

중근기 수행법에는 '관법觀法'이 있다. 팔만대장경 교리는 모두 차전遮詮 아니면 표전表詮으로 되어 있다.

차전은 부정하는 말로, 예를 들면 소금을 물을 때 "싱겁지 않은 것"이라고 대답한 것과 같고, 표전은 긍정한 말로 소금을 물을 때 "짜다"고 대답한 것과 같다.

《원각경》에는 이 관법이 수록되어 있는데, 이것은 다시 정관靜觀·환관幻觀·적관寂觀으로 분류되어 있다. 천태종에서는 이를 공空·가假·중中 3관三觀이라고 한다.

먼저 정관은 철저하게 주관적인 관점에서 공부하는 것이다. 한 생각이 일어나면 이것이 어디서 일어나는가? 그것을 염념念念히 살펴서 생각이 일어나는 자리가 본래 없는 것임을 확연히 통찰하여 도에 이르는 방법이다.

두 번째 환관은 우주의 삼라만상을 철저하게 객관적인 관점에서 수행하는 것이다. 보고 듣고 행동할 때 일어나는 모든 것을 실상實常이라고 보지 않고 환幻 또는 허상, 즉 꿈으로 보는 것이다. 이렇게 삼라만상을 꿈으로 보면 집착이 없어진다. 우리가 매순간 변화하는 현상적 꿈인 세계를 실상, 실재하는 것으로 보는 데서 집착이 생기고 고통이 생긴다. 이러한 수행법을 통해 도에 이르는 것을 환관이라고 한다.

세 번째는 적관이다. 적관은 주관과 객관을 모두 수용한 공부법이다. 안으로 마음이 일어나는 곳을 찾아봐도 일어나는 곳이 없고, 밖으로 우주 삼라만상을 봐도 삼라만상이 꿈 같은 것이어서 실實로 존재하는 것이 아님을 아는 것이다. 궁극에는 주관과 객관이 함께 사라지는 것이 적관 수행법이다.

이렇게 교리적으로 정靜·환幻·적寂 삼관의 공부법은 중근기의 방편이다.

하근기가 도에 이르는 방법으로는 염불문念佛門 혹은 비밀문秘密門이 있다. 기독교에서 주기도문을 외우는 것과 비슷하다. 이것은 무슨 생각이 나든지 마음이 흐트러지지 않도록 열심히 진언(眞言: 주문)을 외우거나 관세음보살, 석가모니불, 아미타불 등 부처님의 명호名號를 외워 도에 들어가는 방법이다. 그러므로 누구든지 도에 들어갈 수 있다. 예컨대 이 세계가 고해라면 일체중생이 모두 고해에서 헤매는데 부처님의 대자비로 고래잡이 그물로는 상근을, 명태나 대구잡이 그물로는 중근을, 새우나 멸치잡이 그물로는 하근을 남기지 않고 모조리 고해에서 건져내 주는 것이라 하겠다.

부처님 시대로부터 1천여 년이 지나자 사람들 근기가 약해졌다. 그리하여 여러 가지 분별심과 나쁜 지견知見을 일으키므로, 깨달아 들어가는 법에도 여러 방법이 더해졌다. 참선법이 가장 체계화·조직화된 것은 중국 당나라 때 대혜大慧 스님 생전으로 볼 수 있다. 대혜 스님은 참선의 가장 착실한 방법으로 화두話頭를 보라고 가르쳤다. 화두는 온갖 분별과 지견이 끊긴 알맹이 법이다. 조사들은 이 화두를 뚫어 내고 깨친 분들이다.

화두를 보는 간화선看話禪, 화두를 보지 않고 참선하는 묵조선默照禪도 있다. 교리적으로 들어가는 관법觀法은 묵조선과 일맥상통한다.

참선參禪은 반드시 화두를 보는 간화선이라야만 한다고 고집할 것은 없다. 교법에 의한 관법으로도 깊은 도리를 깨칠 수 있으며, 묵조선법으로도 깨친 조사가 실로 많다. 그것은 중생 근기根機가 각각 다르기 때문이다.

잘못된 수행법

꿈을 꿈이라고 아무리 가르쳐 주어도 알아듣지 못하거나 꿈에서 깨어나지 못한 사람들 중에는 고통에서 잠시나마 벗어나는 방법으로 기도나 염불에 매달리는 사람들이 있다.

그런데 기도나 염불을 할 때는 그 뜻을 정확히 알고 해야 한다. 그리고 그것을 생활 속에서 어떻게 실천하는 것이 좋은지, 사람들에게 실질적으로 어떤 도움이 되는지 알아야 한다. 또 밖에서 불교를 보는 사람들에게 구체적인 삶을 통해 설명해 줄 수 있어야 한다.

그런데 기도를 잘못하면 마魔가 붙기 쉽다. 물론 기도도 '마음 밖에 따로 법이 없다(心外無法)'는 생각으로 철두철미하게 하면 참선하는 것이나 경전을 읽는 것이나 다름없다. 그러나 그렇지 않고서 마음 밖에 어떤 대상을 추구한다면 그때부터 문제가 생긴다.

이런 틈을 타서 마가 붙게 되면 무슨 칠성七星이 붙었다 혹은 산신이 붙었다고 하는데, 이런 상태를 기독교에서는 '신의 계시를 받은 상태'라고 하여 크게 보지만 불교에서는 그냥 마魔일 뿐이다.

 그런 상태를 얻기 위해 사람들에게 기도하라고 권할 수는 없다. 그렇게 되면 정견正見이 설 수 없다. 물론 기도를 통해 복을 지을 수도 있다. 다만 어디에 초점을 두고 기도하느냐가 문제다. 즉 얼마나 초점이 뚜렷하냐에 달려 있다. 그러나 대중에게 권하고 싶지는 않다. 그 대신 경전이나 관련 서적을 통해 학문적으로 접근하라고 말하고 싶다.

 선방禪房에서는 불립문자라 하여 문자를 내세우지 않지만, 경전이나 관련 서적이 절대적으로 필요하다. 무엇을 배우고 알아야 기도하는 법도 알고 참선하는 법도 알 수 있다. 지혜도 지식을 통한 앎에서 올 때 훨씬 더 확실해진다.

 세계의 모든 종교가 다 그렇듯이, 합리적으로 말할 수 있는 데까지는 다 말하고 올바른 이치로써 바로 터득해야 올바른 종교적 실행이 되는 것이지, 그렇지 않으면 모두 삿된 길로 떨어질 수 있다.

 이때는 올바로 알아야겠다는 마음, 즉 발심發心이 있어야 한다. 그렇다면 이 발심은 어떻게 해야 할까?

 첫째, 발심은 우주가 고苦의 덩어리라는 것을 아는 데서 시작된다. 우주가 매순간 변화하기 때문에 고통의 덩어리라는 것을 철저히 알지 못하면 발심이 안 된다. 이때 학문과 지식으로 바른 견해[正見]를 세우고 발심해서 우주가 고통의 덩어리라는 사실을 알아야 한다.

 그런데 학문적으로 불교에 대한 상식이 전혀 없는 사람에게 불교를 아무리 이야기해 봐야 소용없다. 어느 정도 기본 지식이 있고 난

다음에야 전문가가 이야기하면 납득하지 않겠는가.

허나 오늘날 발심하고 우주의 본질을 알고자 하는 이가 부족하니 실로 안타깝지 않을 수 없다.

삶과 죽음의 문제를 자유로이 해결하는 법

이 세상에 사람으로 태어난 자에게 가장 중요한 것은 무엇일까? 그것은 두말할 것 없이 삶과 죽음일 것이다. 생사 문제야말로 그 무엇보다 궁극적이고, 이 세상에서 몸을 담고 살아가는 동안 기필코 풀어내야 할 숙제이기 때문이다. 종교가 인간의 생사 문제를 해결하기 위하여 생겼다고 해도 지나친 말은 아니다.

불교에서는 마음에 생사가 없음을 깨달음으로써 생사 문제를 해결한다. 덧붙여 설명하면 마음이란 그것이 나온 곳이 없기 때문에 죽음 또한 없다고 보는 것이다. 본디 마음이 나온 곳이 없음을 확연히 간파看破한 것을 '도통道通했다'고 한다.

우리 자신의 어디든 찾아보라. 마음이 나온 곳이 있는지 말이다. 나온 곳이 없으므로 죽는 곳도 없다. 따라서 도道가 철저히 깊은 사람은 이 조그만 몸뚱이를 가지고도 얼마든지 자유롭게 살 수 있다.

어리석은 중생들이나 죽음을 두려워하며 천년만년 살고 싶어 하지, 도인道人이나 성인聖人은 굳이 오래 살려 하지 않는다. 오래 살고 싶다는 것은 중생들의 어리석은 생각일 뿐이다.

도에 통한 사람은 몸뚱이를 그림자로 본다. 다시 말하면, 우리의 삶을 간밤에 꾼 꿈과 같다고 생각한다. 간밤에 꿈을 꾸고 다닌 사람이 꿈을 깨고 나면 꿈속에서는 무언가 분명히 있긴 있었으나 헛것임을 알듯이 삶 또한 그렇게 본다.

삶을 이와 같이 여기는 탓에 육신을 굳이 오래 가지고 있으려 하지 않는다. 이 육신을 벗으려고 들면 향香 한 개 피워 놓고 그것이 다 타기 전에 마음대로 갈 수도 있다.

일반적으로 중생에게는 나서 멸함[生住異滅]이 있고, 몸뚱이에게는 나고 죽음[生老病死]이 있으며, 1년에는 봄·여름·가을·겨울[春夏秋冬]이 있고, 세상에는 일었다가 없어짐[成住壞空]이 있으나, 오직 도인道人에게만 생사가 붙지 않는다.

혹자는 도인도 죽는데 어찌 생사가 없느냐고 반문할지 모르지만 그것은 겉을 보고 하는 소리다. 옷 벗는 모습을 보고 죽었다고 할 수는 없다. 세상 사람들은 이 '옷'을 자기 '몸'으로 착각한다. 그러다 보니 죽음의 경계에 걸린다.

그러면 도인이나 성인은 무엇을 자기 몸으로 생각하는 것일까? 몸 밖의 몸, 육신 밖의 육체를 지배하는 정신, 좀 어렵게 말하면 시공이 끊어진 자리, 이것을 자기 몸으로 안다.

시공이 끊어진 자리란 죽으나 사나 똑같은 자리, 몸을 벗으나 안 벗으나 똑같은 자리, 우주가 생기기 전 시공이 끊어진 자리, 생사가 붙지 않는 자리를 뜻한다.

부처는 바로 이 '자리'를 가르쳐 주기 위해 오셨다. 이 세상이 한바탕 꿈이란 것을 가르쳐 주기 위해서 온 것이다. 꿈속에서 덥고 춥고 괴로운 경험을 했을 것이다. 꿈을 만든 이 육신이 한 평도 안 되는 공간에 누워 10분도 안 되는 시간의 꿈속에서 몇 백 년을 산다. 그러다 보면 우주의 주체가 '나'라는 것을 알게 될 것이다. 곧 '내'가 우주를 만드는 것이다. 우주 속에서 내가 나온 것이 아니다. 세간世間의 어리석은 이들은 꿈만 꿈인 줄 알지 현실도 꿈인 줄을 모른다.

그러다 보니 간밤의 꿈만 꿈으로 보고, 현실을 현실로 보니 몇 백 년 부귀영화를 누리며 살고 싶어 집착하게 되는 것이다. 반면 성인聖人은 이런 현실을 간밤의 꿈으로 보아 버리기 때문에 현실이 꿈이자 환상인 줄 알아서 집착하는 바가 없다. 결국 천당도 지옥도 자기 마음대로 하는 것이다.

우리의 삶은 영원하다면 영원하고 찰나로 보면 찰나일 수 있다. 요컨대 우주의 창조주, 즉 하느님이란 우주가 생기기 전 진면목을 깨달아 타파한 것을 가리킨다. 이때 하느님이란 하늘 어느 한구석에 담요를 깔고 앉아 있는 어떤 실재 인물이 아니란 말도 이해할 수 있을 것이다.

생사 문제를 해결한 선사들

화두話頭는 자성自性을 깨달아 가는 법이다. 이것을 움직일 수 없는 법령法令이라는 뜻에서 공안公案이라고 한다. 예를 들면 다음과 같다.

"어떤 것이 불법입니까?"

"삼 세근이니라[麻三斤]."

"어떤 것이 부처입니까?"

"마른 똥막대기니라[乾屎橛]."

이렇게 대답한 도리는 팔만대장경을 다 살펴보아도 해결되지 않는다. 이 알 수 없는 것을 참구參究하는 것이 화두를 보는 공부다. 이것은 사람들이 나쁜 지견과 분별심이 많으므로 그것을 없애려고 말과 생각의 길이 끊긴 '본분本分의 말'을 드러내어 악지악각惡知惡覺을 깨뜨리게 된 것이다.

화두는 생사를 깨뜨리고 곧바로 대도大道를 성취하는 길이므로 반드시 본분 종사宗師를 만나 배워야 한다.

대혜 스님이 무자화두無字話頭하는 데 10가지 잘못된 길을 가려 말한 것이 있다. 이것은 무자화두에만 국한된 것이 아니다. 참선 공부하는 데는 모두가 이를 알아야 한다.

참선하는 데 화두를 가져 참구參究하는 방법과 화두 없이 공부하는 법을 각각 간화선과 묵조선이라 한다.

그런데 어느 쪽이 더 우월한 방법이냐고 묻는 이가 있다. 우열은 없다. 근기에 따라 문門의 차이가 있을 뿐이다. 중국의 육조六祖 혜능 스님 법을 이은 5종宗 가운데 4종이 간화선이고 조동종曹洞宗만이 묵조선이다. 간화선을 중시하는 측에서는 묵조선이 얕은 공부라고 말하지만, 그렇지는 않다. 실제로 조동종에서도 수많은 조사가 나왔고, 교세도 일본에서 보면 당당하다. 방법을 가지고 힐난할 것이 아니다. 몸 바쳐서 착실하게 참구하는 것이 요긴한 것이다. 그렇게 할 때 반드시 깨달음(覺)의 문에 이르게 될 것이다.

이제, 참선을 통해 깨달음의 문에 들어선 대표 조사들을 살펴보자.

남악회양 선사

육조 혜능 스님의 제자 남악회양 선사南嶽懷讓禪師가 숭산崇山에서 처음 왔을 때 일이다. 남악회양 스님이 육조 스님께 인사를 하니, 육조 스님께서 물었다.

"무슨 물건이 이렇게 왔는고?"

이 물음에 회양 스님이 꽉 막혔다. 그러고서 오랫동안 뜻을 참구하였다. 8년 만에야 깨치고 다시 육조 스님을 찾아간 남악회양 선사가 말했다.

"이제 알았습니다."

"어떻게 알았느냐?"

"설사 한 물건이라 하여도 맞지 않습니다."

"도리어 닦아 증득證得할 것이 있느냐?"

"닦아 증득하는 도리는 없지 않사오나, 물들고 더럽히는 것은 없습니다."

망상에 사로잡히는 일은 결코 없지만 힘을 키우는 도리가 없지 않다는 말이다.

이때 육조 스님께서 말씀하셨다.

"물들려 해야 물들 수 없는 이 자리가 모든 부처님의 호념護念하시는 바다. 네가 이와 같고 나 또한 이와 같다."

이리하여 남악회양 선사는 육조 스님의 인가印可를 받았다.

한암 선사

한암 선사漢岩禪師가 세납 아홉 살이 되던 무렵 집에서 《사략史略》을 읽을 때였다. 선생님께서 말씀하셨다.

"태고太古라 하는 가장 옛날, 천황씨天皇氏가 있었다."

그러자 한암 선사가 물었다.

"천황씨 이전에는 무엇이 있었습니까?"

"반고씨盤固氏가 있었느니라."

한암 선사가 또 물었다.

"그렇다면 반고씨 이전에는 무엇이 있었습니까?"

이 물음에는 선생님도 대답을 못 하였다.

이 문제에 대하여 한암 선사는 의심이 풀리지 않아 깊은 숙제로 안고 지냈다. 스무 살까지 유학儒學을 공부했지만 숙제는 풀리지 않아 스물두 살에 금강산에 구경 갔다가 출가하였다.

금강산에 머물면서 신계사에서 경經 공부를 하는데, 하루는 어느 암자에 불이 나서 사람이 타 죽었다.

이 소문을 듣고 나니 세상살이가 아주 꿈같이 허망하게 느껴졌다. 그래서 경전 보는 것을 그만두고 경허鏡虛 스님을 찾아갔다. 경허 스님은 견성見性한 스님으로, 당대 최고의 조사祖師였다.

당시 해인사에 머무는데, 마침 경허 스님이 법상法床에 올라 법문을 하셨다.

"무릇 형상을 지닌 것은 다 허망한 것이니, 만약 모든 상이 실상이 아님을 알면 곧 여래를 보리다."

여기서 한암 선사는 확연히 눈이 열렸다. 아홉 살 때부터 품어 왔던 의심이 그때서야 확연히 풀리게 된 것이다.

경허 선사

경허 선사는 다 아는 바와 같이 근대 한국 불교의 선맥禪脈을 중흥시킨 조사다.

계룡산 동학사 강원講院에서 학인에게 경經을 가르치고 있던 어느 해, 경허 선사는 은사 스님을 찾아뵈러 길을 나섰다. 해가 저물었는데 머물 곳이 마땅치 않았다. 한창 유행병이 돌고 있던 터라 어느 집에 찾아들어 쉬고자 하여도 주인장은 유행병 때문에 재워 줄 수가 없다며 거절했다. 경허 선사는 열 집 넘게 돌아다녔지만 끝내 잘 곳을 얻지 못하고 바깥에서 밤을 새울 수밖에 없었다.

유행병으로 수많은 사람이 죽고, 집집마다 초상을 치르며 울고 몸부림치는 것을 목격한 경허 선사는 무상無常함이 뼈에 사무쳤다. 강원에 돌아온 경허 선사는 조실祖室에 홀로 앉아 《전등록傳燈錄》을 모두 뒤져보았지만 막히는 구절이 없었다. 막히는 구절을 찾아 그것을 참구하며 참선하고자 한 것이다. 그러다가 다음 공안에 이르러서 꽉 막혔다.

나귀의 일이 가기 전에
말의 일이 온다.

이때 옆방에서 어떤 처사가 젊은 스님에게 거침없이 법담法談을 하는 소리가 들려 왔다.
"시주들의 정성들인 공양을 받아먹고서 공부 잘 못하면 죽어서 그 집의 소가 된다는데, 그렇게 되면 어쩔 테요?"
젊은 스님이 대꾸를 못하고 머뭇거리자, 처사가 말을 이었다.
"소가 되어도 콧구멍 없는 소가 되면 되지 않겠느냐고 왜 답을 못하시오?"
경허 스님이 옆방에서 이 말을 듣고, 종전에 '나귀의 일이 가기 전에 말의 일이 다가온다'는 공안에서 꽉 막혔던 것이 확연히 풀렸다. 이와 동시에 심지가 밝게 드러났다.
이때 경허 스님은 다음과 같은 게송偈頌을 지었다.

홀연히 콧구멍 없다는 소리를 듣고,
비로소 삼천대천세계가 내 집임을 깨달았네.
유월 연암산 아랫길에서
나 일없이 태평가를 부르노라.

고요한 곳에서 도를 닦는 것은 시끄러운 데 쓰기 위함이다

불교인은 아니지만 장자는 다음과 같이 생사를 자유자재로 사용하였다.

"죽고 사는 문제가 크다지만 생사가 변하지 아니하며, 비록 천지가 무너져 없어진다 해도 정신을 잃지 않는다."

중생은 끝까지 몸과 마음이 둘로 보이기 때문에 마음에는 생주이멸生住異滅의 사상四相, 몸에는 생로병사生老病死의 사상, 1년엔 춘하추동春夏秋冬의 사시四時, 세계엔 성주괴공成住壞空 사상 등이 있는 것이다.

그러나 성인은 몸과 마음이 둘이 아닌 줄 철저하게 각파했기 때문에 마음의 생주이멸은 묘용妙用으로 변하고, 몸의 생로병사는 거구착신(去舊着新: 생사에 자유자재한 것)이 되며, 1년의 춘하추동은 일원기一元氣로, 세계의 성주괴공은 무애삼매無碍三昧로 변한다.

이처럼 생사문제를 자유자재하게 하였던 33조祖의 선사들은 물론이고 그 후에 송나라 등은봉鄧隱峯 선사는 죽을 때 엉금엉금 걸어가다가 거꾸로 서서 곤두박질한 채로 몸을 벗었다. 보통 사람이라면 과연 이렇게 할 수 있겠는가. 또 관계지한 선사灌溪志閑禪師는 제자들에게 화장할 나무를 준비해서 쌓아 두도록 한 다음 가사, 장삼을 입고 주장자를 짚고 장작더미에 올라선 후 동서남북에 불을 지르라고 명하고 장작더미에 불이 붙기 전에 몸을 벗어 버렸다. 또 우리나라 고려 때 보조 국사普照國師는 상당법문上堂法門을 열고 제자들에게 다음과 같이 말했다.

"내가 오늘 세상을 떠날 터이니 마지막으로 무엇이든지 물어보라."

그런 다음 백 가지 질문에 백 가지 답변을 하고는 법상法床에서 내려와 마루 끝에 앉은 채 입적하셨다.

이것이 생사해탈의 면목이다. 우리가 고요한 곳에서 도 닦는 것은 시끄러운 데 쓰기 위함이다. 예를 들면 돈벌이하는 것은 가난한 데 쓰자는 것이요, 깨달음은 얻어서 수많은 중생 구제를 하기 위함이다.

고통스러움을 어떻게 벗느냐 하는 데 있어 성인의 구원을 받는 방법도 있지만, 이것은 어디까지나 남에게 의지하는 것으로 스스로 벗어나는 것만 못하다. 시끄럽고 고통스러운 데서 벗어나기 위해서는 생사의 큰 문제를 자유자재로 해결할 수 있어야 한다. 이것이야말로 불교의 궁극적인 목표라 하겠다.

참되게 안다면 실행은 그 앎 가운데 있다

중국 당나라 때 육조 혜능 스님은 다음과 같은 말을 남겼다.

"차라리 생사 속에 머물러 중생을 교화하면서 도를 닦을지언정 소승小乘의 적멸寂滅에 파묻혀 자리自利만을 구하는 해탈은 하지 않겠다. 그러니 항상 자신의 허물만 보고 남의 허물을 보지 말라."

훗날 조선시대 선조 때 서산 대사는 육조 혜능 스님이 남긴 말에 대해서 다음과 같이 평가하였다.

"전자는 선가禪家의 눈이요, 후자는 선가의 발이다."

과연 그러하다. 눈만 있고 발이 없어서도 안 되고 발만 있고 눈이 없어서도 안 된다. 만일 눈만 있고 발이 없다면 목적지에 갈 수 없으며 발만 있고 눈이 없다면 갈팡질팡하여 함정에 빠지거나 개천에 떨어질 것이다. 그러므로 눈과 발이 잠시라도 떨어져서는 안 되는 것이다.

이러한 경우를 두고 유교에서는 지행합일知行合一이라고 한다. 지행합일은 잘 못 알아서는 실행할 수가 없다. 참되게 안다면 실행은 그 앎 가운데 내포되어 있기 때문이다. 색이 좋은 줄 알면서도 취하는 행동이 없다면 잘못된 앎이요, 똥이 구린 줄은 알면서 피하려는 행동이 없다면 역시 진실로 아는 앎이 아니다. 경국지색의 서시西施와 양귀비의 아름다움을 참되게 안 까닭에 취하고자 하는 행동이 나온 것이며, 포사(鮑肆: 어물을 파는 가게와 같이 냄새가 흉한 곳)나 측공(厠孔: 변소)과 같은 악취 나는 곳을 보고 누구나 멀리하는 것은 포사와 측공의 더러움을 참되게 알기 때문에 멀리 하려는 행동이 나온 것이다.

"이 세상은 꿈과 같이 무상無常하다."

이 문장에 대해 단지 이해하는 수준에만 그친다면 무상관無常觀이 드러난 것이 아니다. 꿈을 꾸다가 깨어난 이후에 비로소 꿈인 줄 아는 것처럼 무상관이 완전히 드러나야만 망상이 끊어진 행동이 나올 수 있다.

따라서 불법의 진리는 세간世間에서 세간 망상을 끊어 내지 않고, 또 세간을 외면한 채 보리菩提를 찾는다면 마치 토끼한테서 뿔을 구하는 것과 같다.

마치 현대의 삼단 논법과 같다. 콩을 콩이라고 긍정한 다음에

콩 씨를 심어서 나오면 그 심은 콩은 완전히 없어지고 똑같은 새 콩이 나온다. 그러나 새로운 콩은 심은 콩과 같은 콩이로되 긍정 속에서 완전히 한 번 부정을 거친 부정 속의 긍정인 콩이기에 심은 콩과는 완전히 다른 새로운 콩이다. 따라서 무상관이 드러난다고 하는 것은 부정을 거쳐 바로 아는 것을 말하는 것으로 생각이 끊어진 행동이란 부정 속의 긍정인 콩과 같이 부정을 거친 긍정적 행동을 말한다.

도가道家에 여동빈呂洞賓이라는 유명한 선생이 있었다. 그가 득도 전인 예순네 살 때 일이다. 길을 가다가 점심때가 되어 어느 주막에 들러 점심을 주문하고 잠시 정자나무 밑에 누워 쉬다가 홀연히 잠이 들었다. 꿈에서 7, 80년을 살았는데 슬하에 여러 자식을 두고 조정에서는 청요淸要의 직을 두루 역임하면서 헌천동지掀天動地하는 부귀공명을 누렸는데 깨어 보니 점심으로 부탁한 황량(黃糧; 조밥)이 아직 익지 않았다는 것이다.

'10분도 안 된 시간 동안에 한 평도 안 되는 공간에서 7, 80년 동안 각부 장관을 두루 역임하면서 살았던 그 세계는 도대체 누가 만든 것인가?'

그는 이 한 생각을 통찰하여 그 자리에서 무상을 깨닫게 된다. 꿈속에서 1백 년을 산다 해도 꿈속의 일은 역시 꿈인 것이다. 그 일로 인해 세간사를 모두 정리하고 주장자를 짚고 도道를 구하러 나섰다가 신선 종이옹鐘離翁을 만나 수백 년을 사는 선도仙道를 성취한다.

그 후 3백 년 뒤에 황룡 선사黃龍禪師의 도량에 몰래 들어가 설법을 도청한다. 황룡 선사가 그 기미를 알아차리고 주장자를 굴리며 말했다.

"이 중에 법을 훔치는 사람이 있구나."

그러자 순양(純陽: 여동빈의 호)이 일어나 예를 올리면서 사죄하고 신분을 밝혔다.

황룡 선사가 물었다.

"물이 다하고 산이 다한 곳이 어떠한고?"

순양이 대답을 못하고 다시 예를 올리며 황룡에게 물었다.

"물이 다하고 산이 다한 곳이 어떠합니까?"

황룡이 "황룡 출현黃龍 出現"이라고 답하니, 순양이 홀연히 대오大悟하였다. 꿈으로 인해 선도仙道를 얻은 것이 완전한 부정이라면, 3백 년 뒤에 황룡 선사를 만나 불법을 철저히 깨달은 것은 부정을 거친 긍정인 것이다.

이처럼 말은 행동을 돌아봐야 하고, 행동은 말을 돌아봐야 한다〔言行相顧〕. 눈과 발이 함께해서 지행이 합일되는 길을 밟는다면 정치가와 교육가는 할 일이 없어 팔짱끼고 앉아 있게 될 것이다. 지행합일이 이뤄진다면 오공(圄空: 춘추전국시대 주나라 성왕 때의 주공의 이야기에서 유래한 것으로 감옥이 텅 비어 있는 평화로운 정치를 말함) 40년의 정치가 어찌 삼대(三代: 태평성세를 이룬 하·은·주 시대의 요·순 성왕 때를 일컬음) 때에만 있으랴!

교教와 선禪, 불교를 이끄는 두 개의 바퀴

중국에 훤제煊帝라는 왕이 있었다. 하루는 꿈 풀이를 잘하는 사람이 있다는 소문을 듣고 훤제는 그가 얼마나 해몽을 잘하는지 시험해 보려고 한 가지 꿈을 지어 냈다. 만약 해몽가가 꿈 풀이를 억지로 할 것 같으면 혹세무민 죄를 덮어 씌워서 목을 칠 작정이었다.

"네가 꿈 풀이를 잘한다고 하니 묻겠다. 간밤 내 꿈에 궁전 처마의 기왓장 하나가 난조(鸞鳥: 봉황새 종류)가 되어 날아가는 꿈을 꾸었는데 이것은 무슨 꿈인가?"

그 말이 떨어지자마자 해몽가가 대답했다.

"폐하, 큰일 났습니다. 지금 궁중에 참변이 일어났습니다."

해몽가가 황제의 꿈을 해몽하자마자 기다렸다는 듯이 문밖에서 소리가 들렸다.

"폐하, 아뢰옵니다."

"무슨 일이냐?"

"지금 궁중에서 두 사람이 싸우다 한 사람이 죽었습니다."

황제는 기가 막혔다. 꾸며 낸 꿈으로 해몽가를 시험해 보려 한 것인데 어떻게 꾸며 낸 거짓 꿈까지 이렇게 잘 맞히는가. 황제는 그만 놀라서 해몽가에게 솔직하게 자신의 계략을 털어놓았다.

"네가 해몽을 잘한다고 해서 한번 시험해 보기 위해 꿈을 거짓으로 지어낸 것인데, 어떻게 귀신같이 그 꿈이 잘 맞을 수 있단 말이냐?"

그러자 해몽가가 말했다.

"폐하, 꿈이란 정신이 노는 것입니다. 꿈속의 꿈만이 꿈이 아닙니다. 폐하가 한 생각을 일으키면 그것 또한 이미 꿈입니다. 한 생각이 일어나는 순간 꿈이 생겨나고, 꿈이 있으면 이 우주가 일어나는 것입니다."

그렇다면 과연 이 우주의 주체는 무엇인가? 우주의 주체는 곧 우리의 한 생각이다. 만약 우리의 마음에서 한 생각이 일어나지 않는다면 이 몸뚱이는 송장에 불과하고, 이 우주 또한 공각(空殼: 곡식이나 열매 따위의 빈 껍질)일 뿐이다.

그러므로 이러한 마음의 본체를 알게 되면 우리의 한 생각에서 생겨난 모든 지엽적인 문제에 대해서 더 이상 시비분별을 하지 않게 된다.

부처님께서 49년 동안 설법을 하고 6년 고행을 통하여 우주관과 인생관을 타파한 것은 무엇인가? 결국은 부처님이 깨닫고 나서 최초로 3·7일간 설법하신 화엄학華嚴學의 도리다. 《화엄경》은 부처님의 깨달음 세계를 그대로 드러낸 법문이다.

이 《화엄경》은 바로 모든 존재의 세계를 4가지 영역으로 분류한 화엄종의 우주관인 사법계四法界를 밝힌 것으로, 여기에는 이법계理法界, 사법계事法界, 이사무애법계理事無碍法界, 사사무애법계事事無碍法界가 있다.

이법계는 모든 존재의 세계를 공空의 입장에서 말한 것이다. 이 우주 만유는 환幻의 세계, 즉 가상으로 존재하는 것이지 실재하는 세계가 아님을 일깨워 주는 관점이다. 공의 관점에서 볼 때 현상세계는 실제로 존재하는 세계가 아니기 때문에 일체 우주를 공空한 것으로 본다. 이법계는 곧 진리법계이며, 법계는 진리의 대명사다. 사법계事法界는 우주 만유 그대로가 진리임을 설명한 것이다. 또한 이사무애법계理事無碍法界는 이理와 사事가 걸림이 없는 법계, 다시 말해 공空과 유有가 둘이 아닌 세계다. 즉 색즉시공 공즉시색色卽是空 空卽是

色이다. 이것은 《반야심경般若心經》에 잘 나타나 있으며, 바로 이사무애의 세계다. 사사무애법계는 사事와 사事가 걸림이 없는 세계다. 실제로 이사무애법계까지는 우리가 인식할 수가 있지만, 사사무애법계는 보통 사람의 수준으로는 도저히 인식할 수 없는 경지다. 태산을 자기 콧구멍 속에 집어넣는데 콧구멍을 넓히는 것도 아니고 그렇다고 태산을 작게 하는 것도 아니다. 그런데 콧구멍 속을 들락날락하면서도 걸림이 없다.

과연 보통 사람들이 이런 말을 믿겠는가? 사사무애의 경지는 오직 이 우주 만유가 일진법계화—眞法界化된 사람이 아니면 불가능한 경지다.

부처님께서 이러한 진리를 설하셨으나 1백만 대중 가운데 한 사람도 알아듣는 이가 없어 결국 49년 동안 설법을 하시게 된 것이다. 49년간의 설법이 결국은 팔만대장경이 되었으니 굉장히 장엄한 것 같지만 궁극적으로 그 모든 설법은 화엄 세계로 데려가기 위한 방편일 뿐이다.

부처님이 방편을 달리해서 49년간을 설법한 우주관과 인생관에는 많은 차이가 있다. 그러나 '이 우주는 우리의 한 생각이며, 한 생각이 우주 만유의 핵심이다'라는 점에서는 동일하다. 이것이 바로 교리다. 이처럼 교리는 우리가 얼마든지 배워서 알 수가 있고 생각으로 얻을 수 있는 것이다.

그렇다면 선禪은 무엇인가? 선은 부처님 마음인데, 이것은 배워서 체득되는 것이 아니다. 생각해서 얻어지는 것도 아니다. 본래 문답이 끊어진 자리인 이 우주가 일어나기 전, 우리 몸뚱이가 생기기 전

그리고 한 생각이 일어나기 전 자리를 말한다.

따라서 거기에 무슨 말을 붙일 것인가. 이것이 본래면목이다. 그러므로 깨달았다는 것은 깨달은 것이 끊어진 자리를 말한다. 만일 거기에 '깨달음'이란 말이 붙는다면 아직 깨닫지 못한 것이다.

옛날 위앙종의 향엄 선사가 용맹 정진한 끝에 자신의 사형(師兄: 앙산 선사) 앞에 당당히 나타나서 자신 있게 말했다.

"제가 드디어 조사선을 깨쳤습니다."

그러자 사형 앙산 선사가 물었다.

"그래? 그렇다면 어떻게 알았느냐?"

향엄 선사가 다음과 같이 대답했다.

작년 가난은 가난이 아니라
올해 가난이 비로소 가난이요,
작년에는 송곳 꽂을 땅도 없더니
올해엔 송곳마저 없도다.

이 말을 듣고 앙산 선사가 다시 말했다.

"여래선 정도는 본 것 같은데 아직 조사선은 꿈에서도 구경을 못한 것 같구나!"

향엄 선사는 분명 자신은 조사선을 보았다고 생각했으나 사형이 자기를 인정하지 않자 다시 3년을 용맹 정진하였다. 그리고 다시 와서는 앙산 선사에게 말했다.

"3년 전에 제가 조사선을 알았다고 한 것은 거짓이었고 이제야 바로 알았습니다."
"그래? 그러면 어떻게 알았는지 한번 말해 보아라!"

나에게 한 기틀이 있사오니
눈을 깜빡이어 그것을 보여 드립니다.
그렇게 하여도 알지 못하신다면
따로이 "사미야!" 하고 사미승을 부르겠습니다.

여기서 사미沙彌는 어린 스님을 가리키는 말인데 "사미야!" 하고 부르겠다는 것이다.
생각해 보라. 팔만대장경으로 이것을 어떻게 해석하겠는가.
이때 앙산 선사가 말했다.
"3년 전 네가 조사선을 알았다는 것은 잘못 안 것이고, 지금은 바로 알았군."
이처럼 깨달음은 말과 아는 것이 끊어진 자리를 말한다. 만일 아무리 깨달았다 할지라도 말과 생각이 끊어지지 않았다면 아직 꼬리가 덜 떨어진 것이다. 이것을 선禪이라 한다. 바로 그 자리가 부처님의 마음자리다.
팔만대장경과 같은 교리는 우리가 배워서 알 수 있고 사고해서 얻을 수 있는 경지이지만, 부처님 마음자리인 선은 생각이 완전히 끊어져야만 비로소 거기에 합일된다.

지知와 각覺, 앎과 아는 것이 끊어진 자리

'알다'의 뜻을 지닌 한자 중에 '지知'자가 있다. 여기서 파생되는 단어에는 지식知識이 있다. 이 말에는 아는 것이 많다는 뜻이 담겨 있다. 역사 속에서 아는 것이 많아 후세 사람들에게까지 널리 알려진 인물들이 있다. 그중에서 토정 이지함 선생은 당대뿐만 아니라 지금까지도 후세 사람들에게 회자될 정도로 아는 게 많은 사람이다. 토정 선생이 생전에 자신의 친산親山을 미리 정해 놓고 그 속에다 빗돌(碑)을 하나 묻어 놓았다.

그런데 마침 토정 선생의 종손자從孫子가 삼도감사三道監司를 지내게 되었는데, 어느 날 유명하다는 풍수가가 찾아와서는 토정 선생이 정해 놓은 친산이 좋지 않다며 종손자인 삼도감사에게 더 좋은 명당이 있다고 했다. 증손자는 풍수가의 말을 믿고, 토정 선생이 잡아 놓은 친산을 파 보았다.

그런데 파고 보니 거기에서 빗돌이 하나 나왔는데 다음과 같이 쓰여 있었다.

"모년 모월 모일 모시에 불초손이 이 묘를 팔 터이니 개봉축하라."

상황이 이와 같다면 누구라도 깜짝 놀랄 일이 아닌가. 이 빗돌의 명문을 보고 토정의 종손자인 삼도감사는 그만 그 자리에서 기절을 하고 말았다.

정신을 되찾은 그는 즉시 자신이 길지吉地라고 잡았던 곳을 다 물리치고 이렇게 말했다.

■ 탄허록

"내가 선영先塋에 큰 죄를 지었으니 얼굴을 들 수 없다. 앞으로 나는 선영과 함께할 수 없으니, 후에 내 묘는 머슴들이나 묻히는 선영 산소 밑에다 조그마하게 써 달라."

그리하여 삼도감사의 묘는 토정 선생 산소 밑에 조그맣게 자리하고 있다. 이처럼 토정 선생은 미래 자신의 후손이 어떤 일을 벌일지 다 아는 분이었다. 그러나 아무리 많이 알고 학식이 높아 미래를 예지하는 능력이 뛰어나다 하더라도 그것은 단지 앎[知]일 뿐이다. 이렇게 아는 것을 가지고 도道라고 말하지 않는다. 만일 아는 것만 가지고 도라고 할 것 같으면 토정 선생이 토정 선생으로 인정받지 못할 것이다.

> 사람마다 4가지 소원이 있으니,
> 안으로는 신령하고 강하려 하며,
> 밖으로는 부자가 되고 귀인이 되려 한다.

이렇게 사람들은 4가지 소원을 어떻게 이룰 수 있을까를 소망한다. 그러나 토정 이지함 선생은 달랐다.

> 부자는 욕심 안 내는 것이 제일 부자요,
> 귀인은 벼슬 안 하는 것이 제일 귀한 것이요,
> 강한 것은 다투지 않는 것이 제일 강한 것이요,
> 신령한 것은 아는 게 없는 것이 제일 신령한 것이다.
> 그러나 알지도 못하고 신령하지 못한 것은 어리석은 자가 가지고 있고,

다툼질도 하지 않고 강하지도 못한 것은 나약한 놈이 가지고 있고,
욕심도 안 내고 부자도 못되는 것은 빈궁한 인간이 가지고 있고,
벼슬도 하지 않고 귀하지도 못한 것은 미천한 놈이 가지고 있으니,
벼슬 하지 않고도 능히 귀하며,
욕심 안 내고도 능히 부하며,
다투지 않고도 능히 강하며,
아는 것 하나 없고도 능히 신령한 것은
오직 대인이라야 가능하니라.

이처럼 토정 선생에게는 아는 것에 머물지 않고 아는 것이 끊어진 자리가 있었기 때문에 오늘날까지도 '현인賢人'이라는 평가를 듣는 것이다.

조선 5백 년의 유교에서는 정북창(鄭北窓: 이름은 정임, 북창은 호) 선생을 제일가는 술객術客이라 칭한다. 정북창 선생 또한 술객을 넘어선 도의 경지에 이른 분이다. 그가 스무 살이 되어 입산하여 공부하던 때의 일이다.

입산삼일入山三日에 지천하사知天下事라.
산(절)에 들어간 지 사흘 만에 천하의 일을 알았네.

무소부지無所不知, 즉 모르는 것 없이 다 알았다는 뜻이다. 심지어는 아버지를 따라 중국에 갔는데, 중국 사람을 만나면 중국말을, 소

■ 탄허록

련 사람을 만나면 소련 말을 유창하게 잘했다고 한다. 천재 중에 천재인 사람이 정북창 선생이다. 동서고금 어디에서도 유래가 없는 사람이다. 동서 어학을 배우지 않고도 즉각적으로 말할 수 있는 사람이 과연 얼마나 있을까. 내가 보기엔 지구상에 정북창 선생 한 명 뿐이었을 것이다. 그러나 안타깝게도 그는 마흔네 살에 요절했다. 정북창 선생은 자신의 만장을 스스로 쓴 사람으로도 유명하다. 바로 북창자만北窓自挽의 시詩다.

하루에 천 잔 술을 다 마셔 버리고
일평생에 만 권의 책 다 읽었어라.
고상하게 복희씨 이상의 일만 이야기하고
세속의 얘기는 종래로 입에 걸지 않았도다.
안연(顔淵; 공자의 으뜸 제자)은 삼십에 아성(亞聖; 공자의 다음 가는 성현)이라 불렸는데
선생의 삶은 어찌 그리 긴가.

안연은 서른두 살에 일찍 죽었는데 북창 자신은 마흔넷까지나 살았으니 그것으로 족하다는 내용의 만장을 쓴 것이다. 그리고 좌탈座脫, 즉 앉아서 몸을 벗어 버렸다. 그는 불교에도 매우 조예가 깊었다. 그런데도 유교에서는 그를 술객術客이라고 한다. 유교에서는 그의 아는 것(知)만 보았지, 아는 게 끊어진 자리는 보지 못했기 때문에 벌어진 일이다. 아는 것만 가지고는 인정받지 못하는 것은 불교뿐만 아니라

유교에서도 마찬가지다. 그래서 술객이라 하는 것이다.

정북창 선생보다 한 단계 아는 게 더 많은 사람이 있는데 바로 중국 당나라 때 원천강袁天綱 선생이다. 그는 자신의 죽음을 앞두고 주먹만 한 함函을 열 번, 아니 스무 번을 꼭꼭 싸서 자신의 9대 손에게 전하라는 유언을 남겼다.

물론 그 함은 9대 손에게 정확히 전해졌다. 그런데 그 9대 손이 살인을 하게 된다. 옛날에도 살인자는 사형에 처했다. 마침내 관가에서 사형이 집행되는 날이었다. 목을 베기 직전 사또는 살인자가 원천강 선생의 9대 손이라는 사실을 알고 관가에서 조금 관대하게 대접해 주고자 했다. 만약 퇴계 선생의 9대 종손이라든지, 이율곡 선생의 9대 종손이라고 하면 관가에서 좀 달리 볼 게 아닌가. 퇴계 선생이나 율곡 선생이 우리 민족과 나라에 공헌한 바가 크기 때문에 좀 관대해지는 것처럼 원천강 선생도 중국에서 다 알 정도로 유명했기 때문에 그의 9대 종손이라고 하니 관가에서 달리 보았던 것이다.

"혹시 네 선조 때부터 전해 내려오는 보물이라도 있느냐?"

사또가 묻자 9대 종손이 대답했다.

"보물은 없사옵고 단지 9대 동안 전해 내려오는 조그만 함이 하나 있사옵니다."

"그래? 그러면 그것이라도 가져와 보아라!"

9대 종손이 함을 가지고 와서 사또 앞에 바치려 하자, 사또는 뭔지 몰라도 9대 동안 전해져 내려온 함이라 하니 앉아서 받기가 황송하여 버선발로 뛰어 내려가 받으려 했다. 그 순간 사또가 앉아 있던 선화당 대들보가 쾅 하고 무너졌다. 만약에 사또가 그 자리에 앉아 있었다면 그대로 즉사했을 것이다. 사또가 깜짝 놀라 그 함을 뜯어보니 다음과 같은 한 구절이 붙어 있었다.

> 그대가 대들보에 압사할 것을 내가 구원해 주노니,
> 내 9대 손을 살려 주소.

물론 9대 손은 방면되었다. 토정 선생이나 정북창 선생보다 아는 것으로 말할 것 같으면 원천강 선생은 한 단계 더 아는 분이었다.

그러나 '각覺'이란 무엇인가? 아는 게 끊어진 것이다. 원천강 선생보다 더 잘 안 사람으로는 소강절邵康節 선생이 있다. 그는 백원산百源山에 들어가서 40년간 《주역周易》 공부를 했는데, 얼마나 많이 알았던지 천지가 한 번 생겼다 사라지는 것을 원〔원元·회會·운運·세世·년年·월月·일日·시時 하는 '원元'은 제일 큰 수를 일컬음〕이라고 하는데, 일원一元의 수를 그는 우리가 하루 보듯 생각했다. 그는 다음과 같이 말했다.

"이 천지 밖에 달리 천지가 있다면 모르지만 이 천지 안의 일은 내가 모르는 게 없다."

그런데 천지가 한 번 생겼다 없어지는 햇수가 12만 9천 6백 년이다. 그것을 우리가 하루 보듯이 아는 분이라지만, 그렇게 아는 것만 가지고는 이 역시 술객術客이라 하여 가치를 인정해 주지 않는다. 그렇다면 소강절 선생은 무엇으로 인정받았을까? 마지막에 아는 것이 끊어진 자리를 보았기 때문에 인정받은 것이다. 그러면 그는 그

끊어진 자리를 어떻게 보았을까?

> 이 몸뚱이는 하늘과 땅이 생긴 뒤에 나오고,
> 우리 마음자리는 하늘과 땅이 생기기 전부터 있었네.
> 하늘도 땅도 다 나로부터 나왔으니,
> 그 나머지 만물이야 말할 게 뭐 있을까.
> 한 물건이 말미암아 한 몸뚱이가 생겼으니,
> 한 몸뚱이에는 또한 한 건곤(하늘과 땅)이 있음이라.
> 만일 우주 만물이 나에게 갖춰진 것을 안다면
> 어찌 삼재(하늘과 땅과 사람)를 잡아서 따로 뿌리를 세우랴.
> 하늘은 하나[眞理]를 향하는 가운데 조화를 나누고,
> 사람은 마음 위에 경륜을 일으킨다.
> 하늘과 사람에 어찌 두 가지 뜻이 있겠느냐?
> 도는 헛되이 행하지 않는지라, 다만 사람한테 있다.

이렇게 아는 것이 끊어진 자리를 보았기 때문에 '소강절 선생'이라 칭송하는 것이다. '지'와 '각', 즉 아는 것과 아는 것이 끊어진 자리는 이렇게 큰 차이가 있다.

생사일여관에는 두려움이 없다

인도를 가보니, 불교 모국母國이란 곳에서 스님이란 볼 수 없고 불교는 황무지가 되어 있었다. 부처님 나신 부다가야에 가서야 겨우 인도 스님 한 사람을 만나 하루 저녁 대담을 해봤지만, 불교 지식이 너무나 단편적인 데 놀라지 않을 수 없었다. 이슬람교와 힌두교의 집정을 거치면서 인도의 불교는 사멸했고, 불적佛蹟도 거의 파괴된 때문이라 할 수 있다.

사실 인도의 불교관은 이미 변질된 지 오래다. 모 대학의 철학교수 한 분을 만났을 때 그는 내게 다음과 같이 반문할 정도였다.

"불타의 정신은 힌두교의 일부분이 아니겠습니까?"

그럴 만도 한 것이, 중국의 현장玄奘 법사가 17년간 수학했고, 신라의 혜초慧超 스님이 입학을 시도했다가 실패했던 나란타 대학이 당시 8천 명을 수용할 수 있는 세계 최대 규모였는데, 불에 타 없어지고 지금은 폐허만 남아 있다. 당시 6개월 동안이나 불에 탔기 때문에 지금 현존하는 장경藏經은 우리의 한문 장경인 팔만대장경에 비하면 만 분의 1밖에 남아 있지 않다고 한다. 상황이 이러하니 지금처럼 쇠퇴해질 수밖에 더 있겠는가.

인도의 산스크리트어 다음에 좀 나은 것이 서장어西藏語인데, 이것 또한 한문 장경의 백 분의 1밖에 안 된다고 한다.

그러니 이제는 세계에서 우리의 한문 장경이 최상의 불경원전佛經原典이 되어 버린 셈이다. 게다가 한문 장경을 제대로 볼 수 있는 사람이 있는 곳도 한국뿐이다. 중국은 중공中共이 되어 이야기할 필요도 없는 처지가 되었고, 일본은 서구적 사고방식으로 동양 사상을 연구하는 폐단이 있어 한문 원전을 보는 데 미흡한 점이 많다. 결국 동양식 사고방식을 가지고 온전히 한문 원전을 풀이할 수 있는 사람은 한국인밖에 없다는 말이다.

또한 우리나라는 어느 다른 나라보다도 불교의 진수에 있어서, 교리 면으로나 선禪 사상 면으로나 다 앞서 갖추고 있다. 이미 인도에는 불교가 없어진 지경인 바, 말하자면 장손이 끊기면 지손支孫이 대신 가업을 이끌어야 하는 법인데, 과연 대를 이을 만한 곳이 어디겠는가. 일본, 중국 모두 아니다. 불교 장경의 보유가 으뜸인 한국뿐이다. 그래서 우리나라가 세계 불교의 새로운 종주국이 될 수밖에 없다.

인도, 동남아 문화권은 거의 다 불교 숭상국崇尙國이었다. 그러나 지금은 거의가 다 후진국이 되었다. 그래서 아마 '불교 숭상국은 후진국이다' 하는 소리가 나온 듯한데, 사실 이것은 틀린 말이다. 한 나라가 망하고 흥함은 종교로 인한 국민정신과 정치 지도력에 달려 있는 것이지, 종교 자체에 있는 것이 아닌 까닭이다. 대표적인 사례로 불교 숭상국인 일본을 들 수 있다.

그렇다면 일본은 어떻게 부흥할 수 있었을까? 나라도 작고 자원도 없는 섬나라이면서도 태평양전쟁 때 세계 3대 강국에 들었고, 패망 후에도 4대 강국에 들고 있다.

결국 그들은 불교 정신을 잘 활용한 덕분에 오늘날과 같은 발전을 이룰 수 있었다. 태평양전쟁 당시 그들은 선검일여禪劍一如 정신을 강조했다. 즉 참선하는 정신과 칼 쓰는 정신을 하나로 훈련시켰던 것이다. 선禪이란, 잡념이 하나라도 붙어서는 안 된다. 잡념은 망상일 뿐이다. 도를 열 번 통했다 해도 통했다는 생각이 붙으면 이미 도가 아니다. 군인이 칼을 쓸 때에도 앞뒤에 이럴까 저럴까 주저하는 생각이 있으면 칼을 쓸 수가 없다. 일본 사람들은 불교의 선禪 정신을 칼 쓰는 데 주입시켰던 것이다. 이런 까닭에 그들의 군대가 막강할 수 있었고, 눈부신 경제 발전을 이룰 수 있었던 것이다.

우리나라의 경우 불교 정신을 잘 이용했던 때는 신라시대로, 당시 불국사에선 4천여 명의 사대부중을 함께 모여 지내게 하고, 의상 대사를 모셔다《화엄경》으로 국민 정신을 지도했으며, 원효 대사는 천성산(양산 통도사 내원암)에서 매년 1천여 명씩 제자를 길러 냈다. 그처럼 신라는 불교 정신으로 신라 국민을 지도하여 마침내는 삼국통일을 이룩해 냈다.

그러면 도대체 불교 정신에 무엇이 깃들어 있기에 그럴 수 있었을까? 바로 불교의 생사일여관生死一如觀 정신이다. 죽고 사는 것이 하나, 즉 생사가 둘이 아니라는 정신만큼 강한 것은 없다. 죽고 사는 문제가 하나라면 과연 무엇이 겁이 나겠는가.

이 몸뚱이마저 버릴 수 있다면 그것보다 더 강한 것은 없을 것이다. 이 단계는 망상을 끊고 도道 자리에 든 것이나 다를 게 없는 경지이기 때문이다.

이제 결론을 내린다면 불교국佛敎國일지라도 불교의 정신을 알맞게 잘 응용할 줄 아는 나라는 발전하고, 이를 응용하지 못한 나라는 후진국이 될 수밖에 없다.

오늘날 우리가 당면하고 있는 가장 중요한 일은 조국 통일이다. 만대의 자손에게 통일된 조국을 물려 줘야 할 입장에서 국민적 자각을 어떻게 세우느냐가 관건이라고 하겠다.

우리나라는 그동안 꾸준한 경제 성장으로 중진국 대열에 섰고, 선진국 대열에 설 날도 그리 멀지 않았다. 그러나 급속한 경제 성장만큼 국민 정신의 계발이 뒤따르지 못하고 있는 것이 현실이다. 그 결과 배금사상, 낭비, 사치풍조 또는 청소년 문제 등등의 사회문제가 일어나고 있다. 이러한 문제를 해결하기 위한 가장 좋은 처방에는 무엇이 있을까?

정신을 첫 번째로 삼고, 물질을 그 다음으로 삼아 정신과 물질이 조화되도록 노력하는 것이다. 그때 비로소 인간은 좀 더 인간다워지고 사회는 좀 더 정화될 것이다.

요즘 사람들이 서양의 물질문명을 좇아가다 보니 사고방식마저 그들의 것을 답습하려는 데서 여러 가지 폐단이 생기고 있다.

서양인은 아이를 키울 때 다음과 같이 말한다고 한다.

"너는 장차 커서 일류 기술자가 되어라. 그럴 수 없으면 일류 예술가가 되어라. 아니면 일류 종교가가 되어라."

그러나 동양에서는 이렇게 말한다.

"가장 훌륭한 사람은 종교인, 도덕가가 되는 것이고, 그 다음이 예술가 그리고 과학자나 기술자가 되는 것이다."

동양 사람이나 서양 사람이나 바라는 것은 같지만 순서는 정반대라 하겠다. 서양인의 사고방식은 외본내말外本內末, 즉 근본을 밖으로 내버리고 지말枝末을 안에 두는 것이다. 그러나 동양 사상은 다르다.

"한 근본이 우주 만유요, 우주 만유가 한 근본이다〔一本萬殊 萬殊一本〕."

따라서 현실적 조화를 위해서는 어릴 때부터 도덕뿐만 아니라 종교적 가르침이 필요하다. 또한 종교적 가르침을 실천할 줄 알 때 생활에서 변화가 온다.

생의 의미와 죽음의 초극

생의 의미와 죽음의 초극은 우리 인간이 살아 있는 동안 항상 신비요, 철학이요, 실존이라 하겠다.

"죽음이란 무엇입니까?"

제자가 물으니 공자는 이렇게 답했다.

"아직 생이라는 것도 잘 모르는데 어찌 죽음까지 다루겠느냐."

실존주의 사상에서 보면 인생에서 가장 중요한 문제는 죽음이다. 이 문제를 극복해야만 참다운 인간의 삶을 지속할 수 있기 때문이다.

우리가 이 몸을 가지고 사는 생이라는 것은 기껏해야 1백 년, 보통 그 안에 모두 소멸된다. 1백 년도 유지하지 못하면서 온갖 망상이 어찌나 많은지 항하사恒河沙의 무한히 많은 수로도 셀 수 없을 정도다.

1백 년도 못 사는 몸뚱이를 가지고 갠지스 강의 모래알 수보다도 더 많은 망상을 좇아간다면 위태롭지 않겠는가. 그런데 그 위태로움을 모르고 망상을 좇아가는 것이 우리 중생이다.

반면 불교에서 보는 궁극적인 생은 영원무궁한 생이지 1백 년 미만의 생이 아니다. 영원무궁한 생이라는 것은 태어나거나 생겨나는 것이 없는 생[無生의 生]이다. 이것은 언제나 성性의 자리에서만 가능하다. 시공이 끊어진 그 자리가 바로 무생의 생, 즉 영원한 생이다.

불교에서 말하는 생은 무생의 생, 생멸이 없는 생이다. 무생의 생을 타파하고 나면 죽음의 길도 없다.

본래 생사는 둘이 없는 자리다. 만약 생겨나는 것이 있으면 죽는 것이 있게 되고 나는 것이 없으면 죽음도 없는 까닭이다.

불교에는 이렇게 생사가 둘이 아닌 경지, 이 몸을 벗으나 안 벗으나 같은 경지를 타파한 분들이 있다. 부처님 당시 가섭존자부터 중국의 육조 혜능에 이르기까지 33조祖는 부처님과 같이 생사를 완전히 뛰어넘은 분들이다. 이들은 죽고 사는 문제를 새 옷을 입고 낡은 옷을 벗어 버리듯 했다.

겁劫의 불길이 바다 밑까지 태우고
바람이 고동쳐 산과 산이 맞부딪히더라도,
참되고 변함없는 고요한 그 자리,
그리고 고요한 그 즐거움인 근원의 마음자리가 항상 이와 같다.

육조 혜능 선사는 생사가 본래 없음을 이와 같이 표현했다.

| 5장 |
종교_3대 성인이 세상에 온 까닭을 아는가

"발심發心은 선후가 있을지라도
도道를 깨닫는 데는 앞뒤가 없다."

자기 자신自信을 회복하는 길

언제부턴가 우리는 자기 스스로의 가치에 대한 신뢰를 잃어버린 채 살고 있다. 역사적으로 보면 임진왜란, 일제강점기, 6·25동란 등의 격동기를 겪으면서 우리는 자신自信의 결여에 허덕이게 되었다.

이제 사회가 이만큼 발전했고 대외적인 국가의 위상도 크게 향상된 만큼 스스로의 가치를 회복할 때가 되지 않았나 싶다. 세속적으로 말하면 상인은 돈 잘 버는 것이요, 사업가는 사업을 확장해 가는 것이며, 공부하는 학생은 공부 잘하는 것이 스스로의 가치를 회복하는 길이다.

그러나 좀 더 근본적인 의미에서 스스로의 가치를 회복하는 것이란 우주관이나 인생관의 핵심, 즉 시공이 끊어진 자리인 자기의 근본 마음을 아는 데 있다. 이것 외에 그 어느 것도 진정한 자신이 될 수 없다.

불교에서는 자기 마음의 근본 자리를 밝히는 것 이외의 것을 외도外道라 하고 사법邪法이라 한다. 유교에서는 이단異端이라 하고, 도교에서는 방문榜門, 즉 정문正門의 반대라고 한다.

그렇다면 스스로의 가치는 어떻게 회복해야 할까? 이 가치를 회복한 대표적인 사람들이 바로 예수, 공자, 석가다. 이들 3대 성인三大聖人은 자기 마음에서 일어나는 생멸심生滅心에서 본래 끊어진 자리를 본 것이다. 이것을 과덕(果德: 수행의 결과로 얻어지는 공덕)이라고 한다. 예를 들면 나무 열매와 같은 것이다.

우리가 마음을 닦을 때 바로 3대 성인이 깨달아 얻은 이 과덕을 가지고 씨앗으로 삼아야 한다. 만일 과덕 밖의 다른 것으로 씨앗을 삼는다면 그것은 미신이요, 외도가 된다.

그러므로 과果가 없는 인因이 없고, 인이 없는 과가 없다. 부처님께서《법화경》을 설한 것은 인과동시因果同時를 밝힌 것이다. 자연에서 그 예를 찾는다면 모든 초목이 선인(先因: 꽃) 후과(後果: 열매)인 데 비해 오직 연꽃만은 꽃 속에 열매가 맺어 있어 인과동시다.

그렇기 때문에 부처님이 성불한 과덕과 일체중생의 망상심(妄想心: 거짓과 삿됨, 아만과 뽐냄이 합하여 한 덩어리가 된 것)이 둘이 아니라고 한 것이다. 마음의 생멸은 본래부터 일어나는 곳이 없는데 일어나는 것으로 망집(妄執: 망상을 버리지 못하고 집착하는 일)하여 일체 중생은 고통에서 헤어나지 못하고 있는 것이다.

여기에서 누구라도 부처님의 법문을 듣고 한 생각을 돌이켜 다시 돌이킬 것이 없는 데로 돌아간다면 2,500년 전 석가가 먼저 성불한 것이 아니요, 3천 년 후 중생이 뒤에 성불한 것이 아니다. 이것이 참으로 자신을 회복하는 길이다.

물론 근원적으로는 성인과 중생이 차이가 없지만 눈에 드러나는 현상에서는 성인이 갖는 자신과 중생이 갖는 자신 사이에는 엄청난 차이가 있다. 중생이 죽순이라면 성인은 성장한 대나무다. 그러나 우주관과 인생관의 핵심체인 본바탕은 같다.

우리 사회가 사람을 평가할 때 지식을 가지고 평가하는 경우가 많다. 그렇기 때문에 대다수의 사람들은 열등감에 사로잡히게 된다. 그런데 지식과 지혜는 차이가 있다. 지식이 아무리 높다 해도 지혜는 없는 사람이 있는가 하면, 지식은 없어도 지혜는 최고로 발달한 사람이 있다. 물론 둘 다 갖추면 좋으련만 만약 그중 하나를 선택하라면 지식보다는 지혜가 훨씬 더 중요하다. 마음을 닦아 깨닫는 데는 지식이 크게 필요하지 않기 때문이다.

그래서 부처님의 말씀 중에 문법팔난(聞法八難: 법문을 제대로 듣고 깨닫기 어려운 8가지 어려움)에 세지변청(世智辯聽: 너무 총명해서 불법을 진지하게 받아들이지 않는 것을 경계하는 것을 이르는 말)이 포함되어 있다.

그러므로 얼마나 아느냐가 중요한 것이 아니라 어떻게 발심하느냐가 마음공부에서는 관건이 된다. 발심하여 한 생각 거두어서 생각이 일어난 자리가 없다는 것을 깨우친다면 누구나 3대 성인과 어깨를 나란히 할 수 있다.

세태가 각박하다느니, 인심이 각박하다느니 하는 말을 들을 때마다 지금이야말로 모두가 청정한 자기 마음의 본체를 다시 한 번 가다듬어야 할 때라는 것을 새삼 절감하곤 한다.

종교는 바로 내 마음

보통 종교라고 하면 가장 먼저 초자연적이고 초인간적인 것을 떠올리거나 어떤 조직이나 시설에서 의식 행사를 행하는 것이라고 생각한다.

그런데 이런 것을 떠나서 어떤 종교를 믿든지 모든 인간에게는 보편적인 종교심이 내재되어 있다. 물론 유물론자들인 마르크스주의에서는 '종교는 아편'이라 하고 정신분석학자 프로이트는 '종교는 공포심으로부터 나온다'라고 정의하기도 하지만 인간에게 종교심은 부인할 수 없는, 하나의 보편적인 것이 아닌가 생각된다.

인간이 가지고 있는 종교심에 대해 청담 스님께서는 다음과 같이 말씀하신 적이 있다.

"불교나 기독교나 무엇이든 간에 종교는 내 마음이며, 내 마음에 있는 것이다. 따라서 부처님 형상 앞에 예불을 올리고 절을 한다고 구원받는 것은 아니다. 그것은 하나의 형식에 지나지 않는다. 종교는 이런 식으로, 또는 부처님을 믿음으로써 병을 고칠 수 있고 영생을 얻을 수 있다고 믿으면 되는 것이지, 복잡하고 어렵게 생각할 것 없다. 이는 종교가 대상에 있는 것이 아니라 내 마음에 있기 때문이다."

오늘날 인간의 종교적 심성의 문제는 기독교에서는 인간과 신성, 불교는 불성과 인간성에 대한 관계로 함축된다. 불교에서는 인간의 종교적 심성을 어떻게 보고 있는가.

마음(心)은 성性과 정情을 합한 명사이다. 성이란 나의 한 생각이 일어나기 전, 즉 우주가 미분未分되기 전 상태를 말한다. 이것은 우리의 한 생각이 일어나기 전이나 몸이 나기 전이나 우주가 생기기 전이나 모두 똑같다. 우리가 흔히 마음의 본체인 성에 대해서 논하면서 중생이나 부처, 성인이나 범부가 모두 똑같다고 하는 것은 일체를 성의 자리에서 보았을 때를 말하는 것이지 무조건 똑같다는 의미가 아니다.

성이 마음의 본체라면 정은 마음에서 일어나는 작용이다. 마음에서 일어나는 작용은 무한하다. 철학적으로는 희로애락애오욕의 칠정이다. 그러나 성은 칠정이 일어나기 전의 면목이며, 이는 본래 언어나 문자로 표현할 수 없는 자리지만, 굳이 표현한다면 불교에서는 4덕四德이라고 한다.

부처의 마음자리에 갖춘 4덕에는 진상眞常, 진락眞樂, 진아眞我, 진정眞淨이 있다. 이를 유교에서는 인의예지仁義禮智라고 한다.

그런데 범부와 소승小乘에서는 이 4덕을 전도하여 본다. 이를테면 범부는 현상적으로 드러난 일체가 무상無常인데 그것을 변하지 않는 고정된 상常으로 본다. 즉 1백 년도 못 사는 육체를 가지고 천년 만년 살 것처럼 생각한다. 이것이 범부다. 무상을 상으로 보는 것이다.

또 세상이라는 것은 고정된 실체가 없기 때문에 고苦 덩어리인데 이것을 낙樂으로 보며, 이 세상 전체가 무상이기 때문에 나라고 할 것이 없는 무아無我인데 아我를 실체實體가 있는 것으로 본다. 또 이 세상은 전체가 부정不淨인데 청정한 것으로 보기 때문에 집착한다. 이것을 범부의 그릇된 견해, 즉 범부의 4도四倒라고 한다.

불교의 4덕인 진상·진락·진아·진정을 소승불교에서는 전체가 무상無常이고, 전체가 무락無樂이며, 전체가 무아無我이고, 전체를 무정無淨한 것으로 본다. 이 견해를 소승의 4전도四顚倒라고 한다. 다시 말하면 범부는 형상으로 드러난 온갖 존재가 본래부터 그렇게 실재하는 것으로 보고 현실에 집착하여 4덕을 전도한다면, 소승은 현실을 부정함으로써 4전도가 되는 것이다.

　진상 진리는 참으로 변함이 없으며, 진락 진리는 고苦가 없어 참으로 즐겁고, 진아 진리는 참으로 멸하지 않는 참나가 있고, 진정 진리는 참으로 깨끗한 것이 있다. 이것을 부처님께서는 4덕이라고 하셨다.

　부처님의 4덕은 범부의 4도四倒와 소승의 4도를 떠나서 완전한 진상·진락·진아·진정이다. 범부는 성체性體가 혼연한 우주의 진면목, 시간·공간이 끊어진 이 마음의 본체를 알지 못하고서 밤낮 희로애락애오욕의 칠정에 끌려 다닌다. 이에 반해 성性 자리에 앉아 있는 것이 성인이다.

　앞서 언급했지만 마음은 성性과 정情, 즉 체용體用을 합한 것으로, 성은 본체고 정은 성에서 일어나는 작용이다. 이는 정 자리에서 보면 온갖 차이가 있어서 선한 것도 있고, 악한 것도 있고, 잘난 놈도 있고, 못난 놈도 있고, 긴 것도 있고, 짧은 것도 있고, 흰 것도 있고, 검은 것도 있다. 그러나 성 자리에서 보면 정에서 일어나는 모든 분별, 득실, 시비가 다 끊어진다.

　마음이란 이렇게 모든 것을 내포하는 총체적인 명사로, 마음자리에서 보면 마음은 성인의 마음, 범부의 마음, 악한 마음, 착한 마음 등의 여러 마음이 다 있어 온갖 것을 다 붙일 수 있다. 하지만 성 자리에는 선악, 시비의 분별이 붙지 않는다. 그것은 유교의 '지극히 착하다〔至善〕'와 불교의 '선악이 끊어지고, 시간·공간이 끊어진 허령불매虛靈不昧'한 자리다.

마음을 바다에 비유하면 마음에서 일어나는 작용인 칠정은 바다의 파도와 같다. 파도가 일어나는 데서 청탁이 갈라진다. 맑은 물은 사람에게 이익을 주지만 탁한 물은 배를 엎어서 사람을 죽이는 못된 작용을 한다. 그렇지만 젖〔濕〕는 성질 자체는 변함이 없다. 성인의 마음을 맑은 물이라 한다면, 범부의 마음은 탁한 물이다. 그러나 물이 맑다고 더 젖고 흐리다고 해서 덜 젖는 것이 아니다. 물의 '젖는' 성性은 물의 청탁을 떠나서 물이 본래 갖고 있는 것이다.

그렇기 때문에 성인의 마음이나 범부의 마음이 똑같다고 하고 그 자리의 똑같은 원리를 깨달을 때 범부가 성인이 되는 것이다. 즉 물이 젖는다는 본래의 성품에서 본다면 하루 종일 바다에 바람이 불어 흙탕물이 튀어도 하나도 손해가 없다는 말이다. 밤낮 젖는 것인데 거기에 청탁이 어디에 붙겠는가. 젖는 성품 자체에는 청탁이 붙지 않는다.

불성佛性이라 할 때 '불佛'이라는 말은 '각覺'이라는 뜻이다. '각'은 '미迷'의 반대말로 한 생각이 일어난 것이 '미'라면 한 생각도 일어나는 곳이 없는, 줄곧 확연히 본 것을 '각'이라 한다. 예를 들면 바다에 바람이 일어난 것을 '미'라 할 수 있는데, 바닷바람이 일어났다는 것은 바다 자체를 '미迷했다'는 것이다. 본래 맑고 깨끗한 물인데 바람이 일어남으로써 물결이 일어나니 바다 본체를 잃었다는 것이다. 따라서 '미했다'는 말은 한 생각이 일어났다는 말이다.

그런데 '각'이라는 말은 한 생각 일으키는 당체가 본래 없는 것으로 보고 타파해 버린 것이다. 동서남북, 상하고금으로 아무리 찾아봐도 일어나는 자체가 없는데, 망상 일어나는 곳이 어디에 있겠는가.

부처님의 각을 '상각常覺'이라 한다. 항상 각覺해 있기 때문에 1백 년을 산다 해도 한 생각도 안 일으키고자 하면 안 일으킬 수 있고 하루를 산다 해도 하루 종일 생각을 일으키고자 하면 일으킬 수 있다.

이렇게 생각이 일어나고 안 일어남을 자유자재로 하니 부처님을 '각왕覺王'이라고 한다.

천당 지옥의 유치원 법문이 생긴 까닭은

동양학의 3교인 유불선의 성인이 이 세상에 온 이유는 무엇일까? 자기의 지식을 자랑하고 인품을 과시하기 위해서? 아니다. 그 이유는 사람의 마음속에 본래부터 내재해 있는 우주의 근원이요, 시공이 끊어진 자리를 알려 주기 위해서다.

이 과정에서 진리를 알아듣지 못하는 사람을 위해서 '천당 지옥의 유치원 법문'이 생기게 된 것이다. 현실 삶에서 천당과 지옥과 같은 인과법칙이 존재하는 것은 사실이지만 3교 성인三敎聖人이 인류에게 가르친 교리는 결코 이것에 국한되어 있지 않다. 오직 사람으로 하여금 진리를 깨달아 이 세계가 있는 그대로 극락임을 알려 주러 온 것이다.

이런 측면에서 볼 때 성인의 가르침이 어떤 특정 종교를 믿으라거나 천당지옥을 믿으라는 것이겠는가. 아니다. 오직 자기 자신이 그 모든 것의 주체임을 확연히 알라는 것이다. 만약 자기 자신의 주체를 부정한다면 뿌리 없는 나무와 같은 것임을 알려 주려 한 것이다.

성인들이 다양한 법문과 방편을 써서 아무리 자기 주체성의 회복을 일깨워 주어도 범부들에게 현실이란 쉽게 무시할 수는 있는 것이 아니다. 일상생활로 돌아오면 직장 문제, 이웃과의 관계, 노후 대책 등의 무수한 현안들이 무거운 짐처럼 놓여 있으니 말이다.

물론 현실을 무시할 수는 없다. 그러나 삶의 고통은 대부분의 세상 사람들이 물질을 제일주의로 삼고 정신을 그 다음으로 삼는 데서 시작된다. 반대로 정신을 제일주의로 삼고 물질을 그 다음으로 삼아 정신과 물질의 조화를 이룰 때 좀 더 인간답게 살 수 있게 될 것이다.

만약 물질만으로 만족할 수 있다면 권력자나 부자들은 아무런 고통도 없어야 마땅하다. 하지만 그들 역시 고통을 호소하고 불만을 갖게 되는 것은 정신적인 양식이 부족하기 때문이다.

현미경이 아니면 세균을 볼 수 없고 망원경이 아니면 원거리를 볼 수 없듯, 인간의 어리석음은 성인의 경전을 통하지 않으면 알 수가 없다. 그러므로 경전을 통해 자기의 주체성을 회복하고 그것을 근간으로 삼아 생활해야 한다.

고해에 빠져 허덕이는 중생을 구원하기 위해 상중하의 그물을 쳐 놓은 것이 불교의 교리다. 상근대지중생上根大智衆生을 낚으려면 고래를 잡는 것과 같은 그물을, 중근기를 구원하기 위해서는 대구나 명

■ 탄허록

태를 잡는 것과 같은 그물을, 하근기를 위해서는 멸치나 새우를 잡는 것 같은 그물을 쳐서 한 중생도 남김없이 다 제도濟度하려는 것이 부처님의 원력이다.

상근기는 문자에 의지하지 않고 바로 참선을 통해 도道에 들어가고, 중근기는 교리적 문자에 의지하여 일심삼관一心三觀 삼관일심三觀一心의 도리인 관법觀法으로 도에 들어가며, 하근기는 참선이나 교리 대신 '관세음보살', '석가모니불' 등의 명호名號를 외거나 기독교의 주기도문과 같은 주력呪力으로 도에 들어간다.

따라서 굳이 전문 수행인이 되어 입산수도를 해야만 도에 들어갈 수 있는 것은 아니다. 자신의 근기에 따라 어느 문호門戶에서든 자신에게 맞는 수행법을 선택하여 수시수처隨時隨處에서 공부를 하다 보면 밤새도록 가는 길에 해가 뜰 때가 올 것이다. 비록 처음에는 도에 들어가는 문이 상중하의 차별이 있다 하더라도 들어가고 보면 한 자리요, 한 바탕인 것이다. 그러기 때문에 옛 성인의 말씀에 다음과 같은 구절이 있다.

"발심發心은 선후가 있을지라도 도道를 깨닫는 데는 앞뒤가 없다."

시공이 끊어진 자리

"녹야원에서 발제하에 이르기까지 49년간 법을 설했어도 한 글자도 설한 바가 없다."

부처님이 49년 동안 횡야설수야설橫也說竪也說, 즉 혀가 닳도록 설법을 해놓고도 자신은 단 한 글자도 얘기한 바가 없다고 한 것은 무슨 뜻인가? 이는 성性의 자리에서 하신 말씀이다.

성의 자리는 다양한 언어로 표현할 수 있다. 유교에서는 '중中'이라고 한다. 중이라는 것은 복판을 가리키는 중이 아니다. 여기에 앉아서 보면 서쪽이 되고, 저기에서 앉아서 보면 동쪽이 되고, 이쪽에서 앉아서 보면 북쪽이 되고 저쪽에 앉아서 보면 남쪽이 되는 자리로, 흔히 우리가 생각하는 중앙, 가운데라는 뜻이 아니다. 중앙의 중이 진중眞中이 될 수 없다. 서울이 우리나라의 중앙이 아닌 것처럼 말이다. 충청도에서 보면 동쪽이고, 함경도에서 보면 남쪽이고, 강원도에서 보면 서쪽인데 어떻게 서울이 중앙이 될 수 있단 말인가.

'중'이란 시간과 공간이 끊어진 자리다. 이를 《중용中庸》에서는 "한 생각 일어나기 전을 중이다"라고 하고, 동시에 "중이란 천하의 근본, 우주의 핵심체다"라고 말하고 있다.

또 기독교에서 '하나님'이라는 것도 시공이 끊어진 자리다. 우주는 시간과 공간을 의미하는데, 시간과 공간이 나기 전, 우주가 생기기 전에 앉으신 분이 누구겠는가. 그분이 기독교에서 말하는 우주 창조주인 하나님인데, 기독교적 표현으로 말한다면 그분이 시간과 공간을 만든 것이다.

따라서 성의 자리에서 본다면 모두가 그 본체를 가지고 있으므로 누구나 양보할 것이 하나도 없다. 우리가 예수님, 부처님, 공자님과 같은 성인에게 양보할 것이 하나도 없다. 왜냐하면 성은 성인이나 범부나 모두 똑같이 가지고 있기 때문이다.

그런데 범부는 성의 자리를 '미迷'해 가지고 있기 때문에 못난 놈 노릇을 하는 것일 뿐이다. 성인들은 다 똑같은 존재임을 한결 같이 가르쳤다. 이러한 좋은 예는 기독교《성경》의 산상수훈 편에 잘 표현되어 있다. 마음을 비우는 자가 복을 받는다고 하지 않는가. 마음을 비우는 자가 바로 성의 자리를 각파하여 시공이 끊어진 자리인 것이다.

우주 만유가 있는 그대로 평등하다

종교 사상과 배치되는 사상이란 대개 물질을 제일로 보고 정신을 그 다음으로 보는 것이다. 물질을 제일로 보는 사상은 끝까지 물질 위에서 평등을 찾으려 한다.《맹자》에 다음과 같은 구절이 나온다.

"물건이 가지런하지 않은 것은 물건의 실정(實情: 진리의 대명사)이다."

이는 산은 높고, 물은 깊고, 따오기는 희고, 까마귀는 검고, 조리는 새고, 바가지는 새지 않는 그대로 각각 평등하다는 뜻이다.

그런데 물질 위에서 평등을 찾으려고 하니 문제가 발생하는 것이다. 마치 산을 깎아 바다를 메워야 하고, 따오기는 검은 물을 들여서 검게 만들어야 하며, 까마귀는 하얗게 만들어야 하고, 조리는 새니 꿰매서 새지 않게 해야 하며, 바가지는 새지 않으니 새도록 해야 한다는 식이다. 이런 식이라면 아무리 평등을 찾으려고 해도 가능하지 않은 것이다.

종교적인 견지에서 평등을 찾는다면 정신을 제일로 보고 물질을 그 다음으로 보기 때문에, 예컨대 정신이 허공이라면 물질은 삼라만상이다. 허공은 진리를 비유한 것인데, 이렇게 모양이 끊어진 허공 속에서 평등을 찾기 때문에 산은 높은 대로 평등, 바다는 깊은 대로 평등, 따오기는 흰 대로 평등, 까마귀는 검은 대로 평등, 바가지는 새지 않는 대로 평등, 조리는 새는 대로 평등, 즉 우주 만유 전체가 있는 그대로 평등한 것이 불교에서 말하는 진정한 의미의 평등이다.

불교뿐만 아니라 기독교의 예수님이나 유교의 공자님이나 어떤 성인이든지 이 평등을 찾는 도리는 정신을 제일로 보고 물질을 그 다음으로 여긴다. 다시 말하면 모양이 끊어진 허공에서 삼라만상의 있는 그대로, 길면 긴 대로, 짧으면 짧은 대로, 고우면 고운 대로, 추한 것은 추한 대로 평등하게 보는 것이다.

그런데 반종교적인 사상에서는 물질만 풍요하면 됐지 정신이 무슨 필요가 있느냐고 정신을 부정한다. 물론 그것도 현실적인 측면에서는 있을 수 있는 일이다. 그러나 종교의 종宗을 풀이하면 '갓 관冠' 밑에 '보일 시示'한 '관시冠示'다. 갓은 제일 꼭대기에 쓰는 것이다. 그러므로 공자는 《예기禮記》에서 다음과 같이 말씀하셨다.

"갓이 아무리 헌것이라 하더라도 발에다 쓰는 것이 아니다."

즉 '관시'의 뜻은 제일 꼭대기 도리로서 보이는 것이다. 꼭대기 도리는 예수님이 보이신 성부 자리와 유교에서 보는 천명지위성天

命之謂性이라는 그 성性의 자리다. 성이나 도나 교教나 세 글자가 궁극에서는 같은 것이다. 그런데 주자는 하늘이 명령한 것을 성性이라고 했으나, 주자 이전에 맹자의 학설에는 다음과 같은 구절이 있다.

"하는 것 없이 하는 것이 천天이고, 이루는 것 없이 이루는 것이 명命이다."

이것을 보더라도 천명 그대로가 성의 자리, 즉 우주의 핵심체라고 할 수 있다. 그 성을 좇는 것, 즉 우주의 핵심체〔根源〕를 찾는 것을 도라고 한다. 그러므로 유교에서는 이 '성도교性道教' 세 자가 제일 꼭대기 진리를 나타낸 것이다.

불교에서는 법신法身 자리가 바로 '관시'다. 선문禪門에서는 향상일로向上一路라 해서 법신도 향하向下로 본다. 이렇게 가장 높은 진리, 즉 우주의 핵심체, 인생의 핵심체가 아니면 정치도 부패, 사회도 부패, 문화도 부패, 그 전부가 다 부패할 것이기 때문이다. 그것이 있음으로써 정치, 문화, 사회 등의 질서가 그대로 유지될 수 있다.

교教는 글자 그대로 선효후문先孝後文이다. '효도 효孝' 변에 '글월 문文'으로 행동 중에는 효가 제일 으뜸이라는 것이다. 왜냐하면 효는 백행百行의 근본이기 때문이다. 효도하지 못하는 사람이 어떻게 형제간에 우애가 있고 어른을 공경하며 모든 사람을 사랑하겠는가. 불가능한 일이다. 그 근본이 어지러워서 지말枝末이 다스려질 수가 없다.

그러므로 종교란 우주와 인생의 핵심체인 최고의 진리를 보여서 행동을 먼저하고 학문은 뒤에 해야 한다.

이런 까닭에 반종교적인 사상을 가진 사람들이 아무리 반종교反宗

敎한다고 해도 그럴 수는 없는 것이다. 만일 반종교를 한다고 할 것 같으면 자기가 자기를 부정하는 결과가 되는데 어떻게 그럴 수 있 겠는가. 또 적극적으로 종교를 부정하던 사람이 종교인이 되면 그 만큼 열렬한 신앙을 갖게 된다.

구원받는 2가지 방법, 사참事懺과 이참理懺

사람은 도道에 뜻을 두고 살아야 하는데, 보통 죄를 지어 오히려 극악의 길을 걷기 쉬운 것이 현실인 것 같다. 그렇다면 극악한 죄악도 구원받을 수 있을까?

종교에서 구원의 문제는 가장 중요한 주제이기도 하다. 구원받을 수 있는 길은 크게 2가지가 있다. 하나는 사참事懺이요, 다른 하나는 이참理懺이다. 사참이란 밖으로 참회하는 것으로, 자기가 무의식적으로 죄를 범했을 때 부처님 앞이나 선지식善知識 앞에 자신의 잘못을 낱낱이 밝히고 서광瑞光을 보거나 인정을 받는 것이다.

반면 이참은 죄란 본래부터 없다는 것을 마음으로 관조하여 설령 1백 년 동안 지은 죄라고 할지라도 한 생각으로 없애는 것이다. 일종의 관법 수행이다. 예를 들면 다음과 같다.

죄가 어디로부터 나오는가?
죄는 망상으로 만들어진다.

■ 탄허록

>그러면 망상은 어디로부터 생겨나는가?
>그것은 마음으로부터 나온다.
>그 마음은 어디로부터 나오는가?
>마음은 나온 곳이 없다.
>마음이 나온 곳이 없는데, 죄가 어디에 있겠는가.

이런 방식으로 마음으로 일어나는 생각을 바라보며 그 생각의 뿌리를 뽑는 것이다. 이는 선조 때 무착 스님의 일화로 설명할 수 있다.

무착 스님이 평양의 어느 암자에서 수도하고 있을 때 일이다. 어느 날 한 귀가貴家의 청상과부가 스님을 찾아왔다. 과부는 약혼자가 죽자 결혼식도 올리지 못한 채 옛 풍속대로 수절하고 있었다. 그러다 보니 인간의 음양지락陰陽之樂이 과연 어떤 것인가를 체험해 보지 못한 터라 항상 궁금했지만 하소연할 길이 없었다.

그러다 생각 끝에 무착 스님을 찾아가기로 한 것이다. 과부는 기도한다는 핑계로 쌀 몇 가마니를 싣고 암자를 찾아갔다. 그러나 목적이 딴 곳에 있었기 때문에 밤이 되자 기다렸다는 듯이 스님 방에 몰래 들어가서는 스님에게 자기의 속내를 털어놓았다.

그러나 무착 스님은 과부를 단호하게 거절했다. 과부가 사흘 밤낮을 애원했지만 끝내 스님에게 거절당하자, "만약 내 한을 풀어주지 않으면 죽어 버리겠다"며 높은 바위 위로 올라갔다.

무착 스님은 고민에 빠졌다.

'5계五戒 중 살계殺戒가 첫 번째에 있고, 음계婬戒가 세 번째인데 만

약 내가 음계를 파계하지 않기 위해 살계를 범한다면 이는 경중을 모르는 것이다.'

곧바로 청상과부를 불러 소원을 풀어 주었다. 과부도 보통사람이 아닌 대인大人이어서 무착 스님에게 "원을 풀어 주어 대단히 감사하다"라고 인사하고 이제 일생을 수절할 만하다면서 집으로 돌아갔다.

비록 과부의 소원을 풀어 준다는 명목이었으나 무착 스님은 음계를 범했기 때문에 당시에 유명한 율봉 선사栗峯禪師를 찾아가 문 밖에서 거적자리를 펴 놓고 참회를 구했다. 율봉 선사가 무착 스님에게 말했다.

"네가 참회를 하러 왔다니 내가 너를 위해 참회를 시켜 주겠다. 단, 네 죄상을 내 앞에 놓여 있는 소반 위에 들어 바쳐라."

그러자 무착 스님이 주먹으로 상을 세차게 내리치며 말했다.

"죄상이 본래 없는데, 어디에 들어 바칠 게 있겠습니까?"

이때 율봉 선사가 무착 스님의 두 손을 덥석 잡으며 말했다.

"참회 잘했다. 이제 위로 올라오너라."

《성경》에도 이 일화와 일맥상통하는 구절이 있다.

"네가 사회적으로 아무리 착한 일을 했어도 하느님을 부정하는 순간 너는 지옥이요, 네가 사회적으로 아무리 죄를 많이 지었어도 하느님을 믿는 순간 너는 천국이라."

여기서 하느님은 진리를 의미한다. 만일 하느님이 진리의 뜻이 아니라 하나의 인격체를 지칭한다면 이는 사회적으로 모순된 말이다.

하느님이 곧 진리이기에 진리를 부정하는 순간 캄캄한 지옥이 되고, 진리를 믿는 순간 맑고 깨끗한 천국을 맞이하게 되는 것이다.

인류의 소장성쇠는 불멸의 법칙

"만약 세상 사람이 모두 신부나 수녀가 되고, 비구나 비구니가 된다면 세상은 어떻게 될까요?"

이렇게 묻는 이들이 있다. 이 질문은 물이 산으로 올라가느냐고 묻는 것과 같다. 만일 전 세계 인류가 도통군자가 된다면 현상으로 도의 자리에는 생사가 본래 없는 것이기에 전 세계가 도통군자들만이 모인 수도장이 될 것이다. 그러면 천당과 극락에 따로 갈 것 없이 이 세상 그대로가 천당과 극락이 될 것이다. 그리하여 결혼을 하지 않고도 천당과 극락의 연꽃 속에서 화생化生하는 것이다.

그러나 현실적으로 그렇게 될 수 없는 것을 그렇게 될 수 있겠느냐고 질문한 것이 바로 악질문惡質問이다.

그렇지만 전 인류가 모두 도통하고 극락에 갈 수는 없다 해도 인과법칙을 철저히 믿는다면 정치가나 교육자가 필요 없게 될 것이다. 그러나 안타깝게도 이 세상 모든 현상적 존재는 하는 일이 객관적인 것이 아니라 철저하게 한 개인의 주관적 인식에서 비롯되기에 그런 일은 불가능하다.

소식消息, 영허盈虛, 소장消長, 성쇠盛衰는 우주 순환의 자연법칙이다. 낮이 가면 밤이 오고, 봄이 가면 가을이 오는 원리가 아닌가. 예를 들면 자동차 바퀴가 굴러갈 때 굴러가는 것으로 보면 순順이지만 바퀴 밑에서 보면 도리어 역逆이 된다.

《공자가어孔子家語》에는 다음과 같은 일화가 있다.

공자가 길을 가고 있는데 어떤 여인이 길가에서 통곡하고 있었다. 공자가 그 이유를 묻자 여인이 대답했다.

"동네 당산나무 밑에 천년 묵은 지네가 있는데, 1년에 한 번씩 제사를 지내야 합니다. 그때마다 한 사람을 지네에게 제물로 바쳐야 하고, 만일 그 약속을 어기면 지네의 독으로 인해 동네가 폐허가 됩니다."

그러나 자진해서 제물이 될 사람이 없기 때문에 동네 사람들이 제비뽑기를 통해 당첨된 사람이 지네의 제물이 되기로 약속했다는 것이다. 그런데 마침 길가에서 통곡하고 있는 과부의 외아들이 뽑히자, 그 여인은 자기 아들을 못 내주겠다고 울며 애원하고 있었던 것이다.

공자가 이 사연을 다 듣고는 동네 사람들에게 양해를 얻은 다음 여인의 아들 대신 당산나무 밑 제당에 들어가 앉았다.

그날 저녁 지네가 공자를 먹으려고 독을 품었는데 그 독은 홍두깨 같은 새파란 빛이었다.

이튿날 동네 사람들은 공자의 뼈라도 추려 장례를 지내 주려고 제당 문을 열었다. 그런데 공자는 조금도 상한 데가 없고 대신 지네가 죽어 있었다.

천하에 제일 무서운 것은 정력定力, 즉 도력道力이다. 정력 앞에서는 천지天地도 어찌할 수 없고, 귀신도 침범할 수 없으며, 권력이나 총칼도 쓸데없는 것이 된다.

그러므로 이 우주가 열린 이래로 자기의 가족을 다 버리고 3대 성인三大聖人만을 전 인류가 숭배하는 것은 헛일이 아닐 것이다.

동네사람들이 공자에게 백배사례百拜謝禮하고 지네를 태웠다. 그때 지네의 독이 무지개처럼 하늘에 뻗쳐 있었다. 공자가 그것을 가리키며 예언했다.

"백 년 후에 이것이 반드시 내 도를 해칠 것이다."

그 후 백 년 만에 진시황秦始皇이 나왔다. 바로 그 진시황이 천년 묵은 지네의 후신이라는 것이다. 진시황은 공자가 숭상하던 시서詩書를 다 소각해 버리고 그를 믿는 유생들을 모두 생매장했다.

공자는 이러한 사실을 미리 예측하고 칠서七書를 그의 집 벽 속에 감추고 흙으로 발라 보존했다. 후세인들이 칠서를 칠서벽경七書壁經이라고 《천자문》에 적어 놓은 것이다.

이렇게 진시황秦始皇 당년에 공자의 교敎가 전멸당하여 움도 싹도 없었는데 진시황은 불과 2대를 못 넘기고 멸망했다. 그 후 한·당·송·원·명·청漢唐宋元明淸 6조에 걸쳐 공자의 가르침은 전성기를 누렸다.

화엄학의 가르침, 누구나 성불할 수 있다

기독교의 가장 큰 특성은 신성과 인간성을 구분한 것이다. 하느님과 인간으로 나누어, 하느님은 창조주, 인간은 피조물이라는 관계를 설정해 놓고 인간과 신성 사이에는 무한한 질적 차이를 두고 있다.

그런데 예수님을 통해서 인간성 회복이라는 희망을 갖게 해준 것이다. 여기서 기독교의 성부聖父·성신聖神·성자聖子의 삼위일체설은 예수님이 살아계실 때 하신 말씀이 아니라 예수님 사후에 그 제자들이 진리를 표현하기 위한 방법론으로 사용한 것이다.

예수님이 무엇 때문에 인류의 구세주일 수 있었는가를 냉철하게 규명해 본다면 바로 삼위일체가 되었기 때문이다. 예수님인 성자가 성부 자리, 성신 자리와 일체가 되었기 때문에 예수님은 모든 인간의 성인이라고 불리게 된 것이다.

불교에는 삼위일체라는 말은 없지만 이와 유사한 의미를 가진 용어가 많다. 법法·보報·화化 삼신三身으로 이 셋을 하나로 보는 것이다. 법신法身이 성부의 자리, 보신報身은 성신 자리, 화신化身인 석가모니불이 성자 자리다. 다시 말해서 천강千江에 비치는 그림자 달이 화신이라면 달 광명은 보신이며 하늘에 있는 달은 법신이다.

그렇기 때문에 49년간 법을 설한 석가모니는 화신인 그림자 몸이다. 교리적으로는 같은 부처지만 최초에 우주관·인생관을 타파해서 설한 화엄학은 법신의 소설所說이요, 무지한 대중을 위해 평생 설하신 화엄학을 부연한 팔만대장경은 화신의 소설이라 할 수 있다.

《화엄경》에서는 모든 중생은 부처가 될 수 있다고 했다. 유교에서도 이와 같은 말을 하고 있다. 《맹자》에 다음과 같은 구절이 있다.

"본성의 착함을 말할 때는 언제나 요순을 예로 들어 얘기하고, 결론으로 하시는 말씀이 사람은 누구나 요순이 될 수 있다고 하였다."

이 구절은 범부도 성인이 될 수 있음을 말한다.

이와 비슷한 내용을 율곡 선생이 금강산 율봉 선사栗峯禪師를 만나서 서로 문답한 데서도 확인할 수 있다. 율곡 선생은 유교학자라 유교를 자랑하고, 율봉 선사는 불교학자라 불교를 자랑하다가 율봉 선사가 먼저 율곡 선생에게 물었다.

"우리 불교에는 '중생의 마음이 곧 부처[卽心卽佛]'라는 말이 있는데 유교에도 그런 말이 있소?"

율곡 선생이 답했다.

"물론 있지요. 《맹자》의 도성선道性善장이 있습니다."

그러자 율봉 선사가 다시 물었다.

"우리 불교는 '색(色: 우주 만유의 모양 있는 것)도 아니고, 공(空: 모양이 끊어진 것)도 아니다. 색이 즉 공이요, 공이 즉 색이다. 모양이 끊어진 것이 곧 모양 있는 것이고 모양 있는 것이 곧 모양 끊어진 것이다[非色非空, 空卽是色, 色卽是空]. 공과 색이 둘이 아니다'라는 말이 있는데, 유교에도 이런 말이 있습니까?"

율곡 선생이 《시전詩傳》을 인용해 답하였다.

솔개는 하늘에서 날고
고기는 못에서 뛴다.

"이것이 바로 불교의 비색비공과 같은 것이 아니고 무엇이겠습니까."

이에 율봉 선사가 율곡 선생에게 시를 지어 답례하였다.

고기가 못에서 뛰고 솔개가 하늘에서 나는 것이 위아래가 같으니,
이것이 색도 아니고 또한 공도 아닌 소식이라.
등한等閒히 한번 웃고 신세를 돌아보니,
기우는 햇살이 일만 나무 가운데 홀로 섰도다.

그러면서 율곡 선생을 참으로 대학자라고 칭찬했다.

말세라도 정신을 차리면 도에 이른다

불교는 본연의 가르침인 대승 교리로 나가야 한다. 그러나 오늘날 불교는 그렇지를 못하고 소승적 기복祈福에만 치우쳐 있는 것이 현실이다.

기복祈福으로만 흐른다는 것은 대개 마음이 약한 사람들이 종교를 믿을 때 나오게 되는 현상이다. 이러한 측면은 어느 종교에서나 비슷하다고 할 수 있다.

기독교에서는 예수가 부활해서 구원할 때 하느님을 믿지 않는 자는 하늘에 올라갈 사다리가 없다고 한다. 상황이 이러하니 마음 약한 중생들은 다음과 같이 생각한다.

'아이쿠, 내가 영원히 살려면 믿어야 되겠구나.'

예수의 근본 정신은 허심자수복虛心者受福, 즉 마음을 비우는 자가 복을 받는다는 것이다. 또 "네가 돌이켜서 동자童子가 되지 않으면 천국에 갈 수 없다"고도 했다.

여기서 동자가 된다는 것은 무슨 뜻일까? 동자란 천진난만한 어린애를 말하는데, 어린애의 마음은 바로 성인의 마음과 같기 때문이다. 성인의 마음은 곧 그 순간의 마음, 즉 앞뒤가 다 끊어진 마음을 갖고 사는 사람이다. 도를 통한 사람도 그와 같다.

그런데 이러한 예수님 말씀의 근본정신을 모르고, 예수가 구원해 준다고 하니 자기 스스로 구원할 생각은 않고 예수만 부르며 의지하려고 한다. 이것 또한 종교의 기복적인 경향이라 하겠다.

불교에서도 마찬가지다. 칠성각에 기도하며 "아들 낳게 해달라", "남편 출세시켜 달라" 하는 것 등이 모두 기복이다. 그러나 몽매한 중생을 하루아침에 도의 자리에까지 끌어올릴 수가 없으니, 신심을 키우기 위한 방편으로 기복은 어느 종교에서나 의도된다.

다만 문제는, 기복에만 치우치고 여기에 머무는 경향이며, 여기서 마땅히 벗어나야 한다. 청정한 자기 마음의 본체를 밝혀 의타依他를 정화하고 자기해탈과 이타행利他行을 이루는 것이 올바른 깨달음의 길이다. 그리고 이것이 바로 대승적 입장이다.

대체적으로 어느 종교나 내부적으로 분규가 없는 데가 드문 것 같지만, 특히 대중들에게는 불교가 마치 싸우는 종교로 인식되고 있는 것 같아 안타깝다. 현재 한국 불교계는 19개의 종단으로 나누어져 있고, 그중 몇몇 종단은 분규가 끊이질 않고 있다.

본래 조상은 하나인데 거기서 몇 십대가 지나고 나면 그 후손들이 자기 조상을 망각하게 되는 것이다. 시대의 조류를 따라서 종단도 어쩔 수 없이 분파分派되는 것이다. 예를 들어 어떤 사람이 아들 삼형제를 두었다면 장성해서 분가를 하게 되는데 첫째 아들은 무엇하고, 둘째 아들은 무엇하고, 셋째 아들은 무엇을 한다는 것 자체가 벌써 세 종파가 아닌가. 종교의 분파도 이와 마찬가지다.

부처님은 일찍이 오오백세를 가지고 예언하셨다. 기독교《성경》의 말씀을 빌린다면 '말세'인 것이다. 유교학의 소강절邵康節이《황극경세서皇極經世書》에 시대의 조류를 평해 놓았는데, 삼황三皇·오제五帝·삼왕三王·오패五覇·이적夷狄·금수禽獸라고 했다. 삼황은 천황씨天皇氏·지황씨地皇氏·인황씨人皇氏이며, 오제는 복희伏羲·신농神農·황제黃帝·요堯·순舜이며, 삼왕은 우禹·탕湯·문무文武이며, 오패는 진목공秦穆公·진문공晉文公·제환공齊桓公·초장왕楚莊王·송양왕宋襄王이다. 오패 시대까지는 소강절이 살아생전에 직접 보았지만 오패 이후는 예언이다. 결국 이적운夷狄運은 청조淸朝가 된다.

청 태조淸太祖가 등극한 후에 명나라 선비들이 푯말을 붙이기를 "오랑캐는 백년운百年運이 없다胡無百年之運"고 했다. 이 말은 역사에 기록되어 있다.

신하들이 푯말 붙인 선비들을 잡아 죽이려고 하자, 청 태조가 그렇게 하지 말고 그 푯말 위에 '적덕누인積德累仁'이라고 4자씩 더 써 넣으라고 했다. 그러면 이 구절은 '덕을 쌓고 인을 쌓으면 어찌 백년의 운이 없으랴〔積德累仁 胡無百年之運〕'가 되는 것이다.

그러자 그 푯말을 붙인 사람들 스스로가 푯말을 떼어 버렸다. 청 태조 이후에 성군이 대대로 나오게 되었고, 청조는 3백 년이나 유지되었다. 청조의 이적운이 지나고 지금은 금수운禽獸運 시대다. 유학에서 봐도 금수운, 불교로서도 투쟁뇌고의 시대鬪爭牢固時代가 지났고, 이제는《성경》에서 말하는 '말세'라고 하니 어찌 다툼이 없겠는가.

그러나 아무리 말세라고 할지라도 누구든지, 아니 몇 사람이라도 정신을 차리면 그 종교의 운명은 살아 있을 것이며, 그런 사람이 없으면 그 종교의 운명도 쇠할 수밖에 없다.

이 말은 속수무책으로 깨달은 사람이 나타나기를 기다리라는 말이 아니다. 나 자신부터 도道를 닦자는 것이다.

자신이 바로 서지 않고서 누구를 선도하겠는가

요즘 불교가 교육이라든지 병원 등의 사회복지 시설 운영에서 기독교에 자리를 내준 것 같다는 말을 자주 한다. 이것은 자연적인 추세라고 보아야 한다.

기독교는 서양을 배경으로 삼고 있고 서양은 지금 세계를 주도하고 있다. 우리나라만 해도 해방 이후 이승만 박사가 기독교였고, 장면 박사가 천주교, 윤보선 대통령 역시 기독교로서 선교에 많은 힘을 기울였다.

거기다 학교를 많이 세워 인재를 수없이 양성했다. 거기에 비한다면 불교가 부동산은 많다지만 교육기관은 동국대 하나뿐이다. 더구나 사람의 심리란 새것을 좋아해서 이미 유교나 불교는 낡았다고 생각하고 모여들지 않는다. 거기다 기독교의 조직력은 놀라울 정도다. 불교처럼 매일 우주 바깥에서 오는 얘기나 해가지고는 조직력을 당할 수가 없다.

요즘 사회 일각에서는 불교에 대한 비판의 소리가 높다. 하지만 일선에서 고생하는 분들이 있는데 뒷방에 앉아 비판만 한다는 것은 곤란하다.

양나라 무제武帝 때 불교가 흥할 수 있었던 이유는 정부의 승과僧科 덕분이었다. 당시 스님이 되는 과거 시험이 얼마나 어렵던지 당대의 수재가 아니고는 엄두를 낼 수가 없었다. 어느 정도였냐 하면 스님이 되겠다고 고시공부를 준비하는 학생에게 불교 경전 4백 페이지를 외우게 했다.

그러다 보니 합격하는 순간부터 사회의 인재나 엘리트로 대우를 받게 되는 것이다. 그래서 모두 스님이 되려고 했고, 그것이 젊은이들의 꿈이었으니 융성할 수밖에 없었다.

이제 머지않아 이 땅에 불교의 전성기가 다시 올 것이다. 이것은 내 개인적 관측도 있지만 수백 년 전 선배들의 말에서도 찾아볼 수 있다.

지금으로부터 5백 년 전 무학 스님은 종묘에 창엽문蒼葉門이라고 현판을 써 이조李朝가 28대로 그칠 것이란 예언을 했다. 그분의 말에 따르면 "고려 왕씨王氏는 불교를 스승 대접했지만 새로 올 이씨 왕조는 종 취급을 할 것이다. 그러나 그 뒤에 올 계룡산 정씨 8백 년은 아비 대접하리라"고 되어 있는 것만 보아도 불교의 장래는 밝다고 하겠다.

그러나 그 전에 불교인들이 해야 할 일이 무엇인가를 한 번쯤 생각해 봐야 한다. 어느 시대에도 그러했지만 가장 먼저 자가 정립自家定立이 되어야 한다. '자가自家'라는 말의 뜻은 자기를 지칭하는 말이다.

지위가 없는 것을 탓하지 않고 어느 위치에 자기를 맡기든 그것을 어떻게 대처해 나갈 것인가를 심사숙고해야 한다.

높은 벼슬자리에 못 앉는 것을 한탄하지 말고 그 자리를 천거해 준다면 어떻게 운용할지를 고민해야 한다.

세상 사람들이 알아 줄 진실을 지니고 있다면 스스로 쌓아 놓은 것이 있으니 그대로 알려지게 마련이다. 동양의 3대 성인이라면 석가, 공자, 노자를 꼽을 수 있는데, 이들이 지금까지도 이름을 높이 떨치고 있는 까닭은 무엇인가.

지금 이 시점에서 불교인들이 할 일은 자가 정립뿐이다. 자기가 먼저 되어야 한다. 그렇지 않고서는 아무것도 이룰 수 없다. 스스로 바로 서 있지 않은데 누구를 선도할 수 있겠는가.

물속에 빠진 사람이 무슨 정신으로 다른 사람을 구할 수 있겠는가. 제 몸뚱이가 삐뚤어져 있는 것을 모르고서는 제 그림자를 바르게 할 수 없는 것과 마찬가지다.

소위 자선사업이라고 하는 이타利他만 해도 종교적 신앙이 철저하지 못하면 오히려 죄악을 저지르게 되기 쉽다. 본래 자리自利가 철저할 때에만 참다운 이타가 가능하다. 물에 빠진 사람이 물에 빠진 사람을 구할 수 없는 것과 같이, 자리自利도 못하는 사람이 이타행利他

行에 나선다는 것은 위선이다. 물질적이든 정신적이든 스스로에게 충실하지 못한 채 남을 돕겠다고 나서는 것은 허위와 위선임이 각종 자선사업 현장에서 잘 드러나고 있다.

인간 본연의 도덕을 파괴하고는 정치·경제·문화가 창조될 수도 없고 그 질서를 유지할 수도 없다.

《장자莊子》의 응제왕應帝王 편 한 구절을 살펴보자.

숙悠·홀忽·혼돈混沌이라는 세 명의 임금이 각각 남해와 북해, 중앙에서 통치를 하고 있는데, 언젠가 숙과 홀이 혼돈을 찾아가 융숭한 대접을 받았다.

두 임금은 혼돈의 대접에 답하고자 궁리한 끝에 자기들은 눈·코·입 등 7개의 구멍을 몸에 갖고 있는데 혼돈은 없으니 그에게도 구멍을 뚫어 줘 인간의 향락을 누리게 하자고 의견을 내었다. 그래서 두 임금이 매일 하나씩 혼돈의 몸에 구멍을 뚫기 시작했다. 그러나 7일째 되던 날 혼돈은 죽고 말았다.

이는 약삭빠른 인위적 지혜를 가진 숙과 홀이 우주 본체의 자연으로 인간에게 무한한 호의를 베푼 혼돈에게 수정을 가하다 실패했다는 이야기다.

도가 상실되어 가는 과정을 우화적으로 설명한《장자》의 이 구절은 오늘의 인간 사회에 심각한 경종을 울리고 있다.

■ 탄허록

앞으로 다가올 미래, 종교의 교파를 넘다

청소년 범죄의 범람, 매스컴에 비친 패륜과 불륜 등의 온갖 사회악을 접할 때마다, 종교가 지향하는 참된 신앙의 필요성을 절실히 느낀다.

불가佛家의 경우만 해도 모든 복잡한 사회 문제의 해답이 불교 속에 들어 있다고 할 수 있다. 휴가 때 사용할 용돈을 마련하기 위해 저지른 끔찍한 청소년 강도나 공포의 전율을 느끼게 한 토막살인 사건 등은 불가의 유치원 과정의 신심信心만 가졌어도 발생하지 않았을 사회 범죄다. '5계십선五戒十善을 닦고 일생에 공덕을 쌓아 극락에 간다'는 지극히 초보적인 신앙만으로도 이 같은 엄청난 인간 탈선을 막기에 충분하다.

모든 생물의 살생을 금하는 불가 유치원생의 5계 신앙만 닦아도 인간생명의 존엄성을 깨칠 수 있다. 이와 같은 외경심이 범행의 순간을 차단시킬 수 있었을 것이다.

세상이 거칠고 험악해진 것은 불교의 자비, 기독교의 박애, 유교의 인仁 등과 같은 종교 덕목들이 현실에서 실천되지 못한 까닭이다. 그리하여 청소년들의 탈선은 날로 흉포화하고 증가 추세를 보이고 있다.

신라 화랑의 5계를 연마시키는 화랑의 집이 있고, 충무수련원이 일선학교 교육에 연계되어 있으면서도 학생들의 탈선이 많아진 것은 오늘의 도덕 교육에 문제가 있기 때문이다. 현대사회가 치닫고 있는 산업화에 따른 인간의 기계화와 노예화, 물질문명의 풍요 추구에 역점을 두는 가치전도의 인생관 등에서 생명 경시 풍조가 나타나고 있다.

　학교 교육만으로 도덕의 덕목을 펼치기 어려운 현실이기 때문에 종교적 차원의 신앙심을 사회 전반에 심어 주는 일이 시급하다. 그래서 오늘의 종교는 내세의 영혼 구원이나 수도를 통한 자기만족을 벗어나 적극적으로 사회교화에 임하는 자세가 필요한 것이다. 종교가 대체로 지향하는 신앙은 자신의 수도를 우선으로 하는 것이지만, 현대사회처럼 종교 윤리가 절실한 때도 일찍이 없었다.

　요즈음 세태를 어수선하게 하는 정국의 경색이나 치도治道의 기강 문제도 종교적 신앙 차원의 수도가 결핍된 데서 오는 것이 아닌가 한다. 우주관·인생관의 핵심이 되어야 할 우주 생성 이전의 본래 자리를 보지 않고 떠들어대는 문화나 정치는 위선이고, 썩은 것일 수밖에 없다.

　도가 생활화될 때 인간세계는 그 자체로 시공이 끊어진 극락의 낙원이 된다. 모든 정치나 교육이나 문화는 이 같은 도에 합치되는, 마음을 텅 비운 자리에서 추진해야 올바른 가치를 지닐 수 있다.

　이 같은 종교적 차원의 사회 정화나 성인치도聖人治道가 이뤄지면 정치인·교육자들이 전혀 할 일이 없게 되는 정토세계淨土世界가 이루어진다. 물론 현대사회에서 고전적인 성인 정치를 기대하기는 어렵다. 종교인이나 신자들이라고 해서 모두 사회의 모범이 되는 것은 아니지만, 그들이 말하는 진리는 오늘의 혼탁한 사회에 시급히 공급되어야 할 '양식'임에는 틀림없다.

　앞으로 종교는 과연 어떻게 변모할 것인가? 무척 궁금한 일이다.

결국 종교는 모든 껍데기를 벗어 버리고 알몸이 세상 밖으로 드러날 것이다. 다시 말해 주도적으로 정치 철학을 제공하고 역사의식을 제공해 주기 위해서는 어차피 낡은 껍데기는 벗어 던져야 할 운명에 봉착하게 될 것이다.

현재의 종교는 쓸어 없애 버려야 한다. 이 말의 의미는 신앙인끼리 괄목상대하고, 네 종교, 내 종파가 옳다며 적대시하며, 이교인異敎人이라 해서 동물처럼 취급하는 천박한 종교의 벽은 무너진다는 뜻이다. 장벽이 허물어지면 초종교超宗敎가 될 것이다. 김일부 선생은 유·불·선이 하나가 된다고 했고, 강증산 선생도 그렇게 예언한 바 있는데, 이 예언은 1980년대부터 열리기 시작할 것이다.

지금까지 서로 자기만 옳다고 했던 교파들이 문을 열고 서로의 장점을 찾아 상봉의 기회를 마련하게 될 것이다. 새싹이 나기 위해서는 그 자체는 썩어야 한다. 밝은 면과 좋은 것은 남겠지만, 배타적이고 아집적이고 권력 쟁취의 무대가 된 각 종단이 새로운 출발을 기하기 위해서는 그와 같은 요소를 부단히 제거하려고 노력하게 될 것이다.

망亡해야 한다는 것은 본질과는 멀리 떨어진 요소들을 잘라 내야 한다는 뜻이다. 그러한 측면에서 종교는 무한히 발전하게 될 것이고 새 길을 모색해야 할 것이다. 모든 종교인들은 초종파 운동에 관심을 가지고 지켜보는 자세를 가져야 할 것이다.

새 시대를 맞는 우리는 거기에 걸맞은 새로운 자세를 가져야 한다. 다른 사람에게 기대서는 안 된다. 우선은 자기 자신을 믿어야 한다. 자신을 믿지 못한 데서 타인도 믿지 못하고, 불신의 풍조가 생기는 것이다. 신을 믿고 부처를 믿고 자신을 믿는 데서 타인을 믿을 수 있게 된다. 그런 다음 수행하는 신앙인이 되어야 한다. 수행만이 최고의 자기 재산이다.

오늘의 혼탁한 사회를 정화하기 위해서는 정신 기강을 바로잡는 것 외의 다른 방법이 있을 수 없다. 종교야말로 썩어 가는 사회의 정화를 위한 절실한 소금이며, 인류 사회를 떠받치고 있는 근원적인 도道를 지켜줄 수 있는 최후의 보루다.

대체로 종교 신앙이란 인간 현실의 지고선至高善을 추구하는 정신 수양과 윤리관·철학관의 확립을 일깨울 뿐만 아니라 최고 수준의 경제적 인간, 최고 이성의 도를 계발하고 실천하도록 할 수 있기 때문이다.

Q&A
탄허 스님에게 듣는다

|문1| 부처님께서 만리 부인에게 술로써 계戒를 삼으라고 하신 까닭은 무엇입니까?

—— 부처님께서 막아 놓은 것으로는 송곳 하나 꽂을 땅도 없을 정도로 막아 놓았고, 터놓은 것으로는 우주를 포용할 만큼 터놓았다.

부처님은 평소 '술'에 관한 계율을 말씀하실 때 술집을 손가락으로 가리키기만 해도 5백 생 무수보(팔 없는 과보)를 받는다고 할 만큼 경계를 하셨는데 어찌된 일인지 만리 부인에게만은 예외를 적용하셨다.

만리 부인은 남편인 왕에게 10년간 독주를 빚어서 마시게 했다. 하루는 만리 부인이 부처님을 찾아와서 물었다.

"부처님, 저의 죄를 어찌해야 합니까?"

만약 여기서 부처님께서 "그대의 죄는 영원히 씻을 수 없다"라고 했다면 이것은 부처님 법이 아니다.

부처님께서는 오히려 만리 부인에게 "그대는 술로써 계戒를 삼아라" 하고 말씀하셨다.

"그대가 천 년간 술을 빚어서 남편에게 주었다고 해도 그것은 허물이 아니라 오히려 복이 되리라" 하고 말씀하셨다.

  이 뜻은 부처님이 경經과 권權을 말씀하신 것으로 원칙에는 변함이 없지만 어떤 특수한 상황에서는 그에 맞게 계율을 적용하신 좋은 예다. 왜냐하면 만리 부인의 남편은 맑은 정신으로 있으면 자주 사람을 죽이는 데 반해 술에 취해 있으면 사람을 죽이지 않기 때문에 술을 빚어서 시봉을 해도 죄가 되지 않는다고 하신 것이다.

  이것은 살인을 막기 위한 것이니 술이 죄가 될 수 없다는 것이다. 때로는 대大를 위해 소小를 희생시켜도 된다는 말도 된다. 이렇게 불법에는 개차(開遮: 열고 막음)법이 있다.

| 문2 | 조사들은 병을 어떻게 치료합니까?

> 병종하래病從何來오 병종업생病從業生이니라
> 업종하래業從何來오 업종망생業從妄生이니라
> 망종하래妄從何來오 망종심생妄從心生이니라.
> 심종하래心從何來오 심본무생心本無生이니라
> 심본무생心本無生이어니 병종하래病從何來오.

병은 어디로부터 왔는가? 병은 업으로부터 왔습니다.
업은 어디로부터 왔는가? 업은 망상으로부터 왔습니다.
망상은 어디로부터 왔는가? 망상은 마음으로부터 왔습니다.
마음은 어디로부터 왔는가? 마음은 본래 나온 곳이 없습니다.

"마음이 본래 나온 곳이 없는데, 병은 어디에서 왔는고."

이리 말하니 병이 마음에서 뿌리째 뽑혀 버린다. 조사들은 이렇게 병을 고친다.

|문3| 도를 이루고자 하면 이 몸을 버려야 합니까?

── 만약 재물을 버린다면 곧 애정을 버리게 되고, 애정을 버린다면 몸을 버리게 되고, 몸을 버린다면 뜻을 버리게 되고, 뜻을 버린다면 법을 버리게 되고, 법을 버린다면 마음을 버리게 되고, 마음을 버린다면 마침내 도에 이르게 된다. 그러니 세상에 한 번 안 나온 셈치고 이런 마음으로 정진해 보아라.

|문4| 상경하上敬下란 무슨 뜻입니까?

── 고령사의 신찬神贊 스님의 이야기다. 어느 날 스승이 햇살이 가득한 창가에서 한 쪽 창문을 열어 놓고 경전을 읽고 있는데 벌 한 마리가 방으로 들어오더니 이내 열린 문으로 나가지 않고 닫혀 있는 종이 창문으로 나가려고 몸부림치고 있었다. 그 광경을 지켜보던 제자 신찬이 게송을 지었다.

열린 문으로 그냥 나가면 되는 것을 창문을 뚫으니 매우 어리석구나.
백 년간 옛 종이를 뚫어 본들 어느 날에 머리를 내밀 기약이 있으랴!

이 시를 듣고 있던 스승은 가만히 생각해 보니 마치 자신이 경책 읽는 것에 빗대어 조롱하는 것처럼 느껴졌다. 다음날 스승이 목욕을 하면서 신찬에게 등을 밀어 달라 하니 선찬이 등을 문지르며 게송을 지어 불렀다.

법당은 좋고 좋은데 부처가 영험이 없구나.

이때 스승이 고개를 돌려 쳐다보자, 신찬이 다시 말을 이었다.

부처는 영험이 없으나 능히 방광은 할 줄 아는구나.

스승이 생각건대 어제의 게송도 자기가 경 읽는 것을 조롱하는 것 같고 오늘 목욕할 때도 제자가 자기를 조롱하는 것 같은 생각이 들었다. 그래서 제자를 불러서 물었다.
"네가 어제 벌을 두고서 지은 시도 나를 조롱하는 것 같고, 오늘도 나를 조롱하는 것 같은 데 무슨 깨달은 바가 있느냐?"
"사실은 제가 남방에서 공부하다 뜻을 조금 얻었습니다."
스승은 그 자리에서 상경하上敬下 법상을 차려 놓고 제자에게 법문을 청하였다. 그러자 제자 선찬이 법상에서 스승에게 다음과 같이 설법하였다.

신령한 광명이 홀로 빛나서 본체는 항시 진상을 드러내니

문자로 말할 수 있는 경지가 아니로다.
마음의 본 성품은 더러움이 없어서 본래부터 원만하게 이루어져 있으니
다만 허망한 인연만 떨쳐버린다면 곧 그대로가 부처라네.

좋은 법당이란 육신을 두고 한 말이다. 영험이 없다는 것은 깨달음이 없다는 뜻이다. 승려의 본분은 큰 깨달음을 이루는 것인데 산중에 앉아 독경하고 염불하면서 하루의 일을 다한 것으로 여긴다면 도를 이룬 사람의 입장에서 참으로 안타깝게 여길 것이다. 신찬은 스승과 제자를 떠나서 깨닫지 못하고 있는 스승을 경책하는 마음과 한편으로는 안타까운 마음에서 이렇게 게송을 읊은 것이다.

이 법문은 북주 고령사 신찬 선사가 백장百丈을 참예하고 개오開悟하여 다시 고령사로 돌아와서 스승인 계현 화상에게 한 법문이다. 거기에 홀연히 스승이 개오했다. 이것을 '상경하'라고 한다.

| 문5 | 불립문자란 무슨 뜻입니까?

—— 불립문자란 문자가 필요 없다는 뜻이 아니다. 불립문자로 유명한 육조 혜능이 있는데 우리는 흔히 그가 무식하다고 알고 있다. 그런데 그것은 매우 잘 못 알려진 것이다. 그가 체계적이고 조직적으로 글(교육)을 배우지 않았기에 생긴 오해다.

육조 혜능이 《육조단경》의 끝부분에서 하신 말씀이 있다.

"요즘 공空을 집(집착)한 사람들은 생각이 한쪽으로 치우쳐 있어서

툭하면 '불립문자'라고 하니(이때 '불립문자'는 문자가 쓸데없다는 말이 아니라 깨닫는 데 문자가 주체가 되어서는 안 된다는 의미다) 자기가 스스로 미(迷: 어리석음)해서 그러한 것은 용서가 되지만 그렇지 않고 불경까지 비방하면서 문자가 쓸데없다고 한다면 그것은 불경을 비방하는 것이다. 불교나 문자(불경. 교리)를 비방하게 되면 다음 생에 무식한 과보를 받게 된다. 인과법에도 분명히 문자 비방은 무식한 과보를 받는다고 했다. 그러니 삼가야 한다. 진리를 비방하면 그 죗값이 깊고 무겁다."

육조 혜능은 이렇게 불립문자에 대한 잘못된 오해를 바로잡고 그것에 대해 엄격하게 경계하였다.

|문6| 방 거사와 부설 거사의 가족 모두 깨달았습니까?

—— 그렇다. 방 거사의 가족은 부인을 비롯해서 아들과 딸 모두 4명이다. 선비 출신으로 집도 부자였다. 그런데 마조 스님 문하에서 득도를 하고 보니 재산이 필요가 없었다. 그 당시 십만 금이면 엄청난 돈인데 그것을 친구에게 주었다.

"이 많은 돈을 무슨 이유로 나에게 주는가?"
"내가 도를 얻고 보니 돈과 재산이 필요가 없어서 그러하네."
"자네에게 필요 없는 돈이 난들 필요하겠는가?"

이렇게 친구마저 돈을 거절한 것을 보면 방 거사가 살던 시절에는 아마도 도인의 세상이었나 보다. 방 거사는 친구에게 거절당하자 거액의 돈을 강에다 던져 버렸다. 그 후 부인과 아들도 득도를 하게 되자 그들에게 어디든지 가서 자유롭게 살라고 떠나보냈다. 다만 딸은 과년하여 방 거사가 데리고 있었다. 방 거사가 하루는 세상을 떠나려고 마음먹고는 딸에게 부탁하기를 "해가 정오에 오면 떠날 터이니 시간을 알려 달라"고 했다. 이윽고 태양이 정오에 오자, 딸이 "아버지, 하늘에 이상한 기운이 보입니다." 하고는 아버지를 속였다. 이 말에 방 거사가 밖으로 나오자 그 틈을 타서 딸이 재빠르게 방 거사 자리에 앉아서 먼저 입적해 버렸다. 이 얼마나 대단한 힘인가? 공부의 힘이 이 정도는 되어야지 비로소 큰소리칠 만하지 않겠는가?

 방 거사는 딸의 등을 어루만지면서 칭찬하기를 "우리 딸의 칼날이 나보다 빠르구나!" 하며 흐뭇해하였다. 방 거사는 딸이 떠난 뒤 일주일을 더 살고 세상을 떠났다. 방 거사의 부인은 광주리 장사를 하다가 딸의 입적 소식을 듣게 되었다. 부인 역시 광주리를 머리에 이고 있다가 그 자리에서 몸을 떠나 버렸다. 아들은 머슴살이를 하고 있었는데 모를 심다가 가족의 입적 소식을 듣고 모심는 채로 그 자리에서 떠나 버렸다.

 이 네 가족의 공부의 힘이 얼마나 대단한가. 진심으로 탄복할 일이다.
 우리나라의 부설 거사가 이와 같았다. 부설 거사는 내소사 월명암에서 수도를 했다. 경상도 사람으로 원래는 출가한 스님이었는데, 친구로는 오대산 영희·영조 두 스님이 있었다. 부설 거사의 부인은 처녀시절 열아홉 살까지 말을 못 하는 벙어리였다. 어느 날 부설 스님의 일행이 벙어리 처녀의 집에서 하룻밤을 묵게 되었다. 그날 밤 처녀의 부모님이 세 분의 스님에게 법문을 청해 듣게 되는데 옆에서 법문을 듣고 있던 열아홉 살의 벙어리 처녀가 갑자기 입이 열리고 말을 하게 되었다.

그런데 말문이 열리자 딸이 부모에게 간청하기를 부설 스님에게 시집을 보내 주지 않으면 죽어 버리겠다고 졸랐다. 부모는 딸이 말문이 열린 것은 좋지만 어떻게 스님에게 시집을 갈 수 있느냐며 몹시 걱정하였다. 그러나 이튿날 부모는 하는 수 없이 떠나는 부설 거사를 붙들고 차마 꺼내기 힘든 말을 했다.

"저희 딸이 19년 동안 벙어리로 있다가 스님의 법문을 듣고서 말문이 열렸는데, 이제 부설 스님께 꼭 시집을 보내 달라고 하니 어찌 하면 좋습니까?"

부모는 몸둘 바를 몰라 하며 송구스러워 했다. 자기에게 시집을 못 갈 바엔 딸이 죽겠다는 말에 부설 거사는 다음과 같이 말하며 청을 받아들였다.

"나 때문에 죽는다니, 어찌 인명을 죽게 할 수가 있겠는가?"

이 소식을 듣게 된 영의와 영조 스님은 부설 거사를 조롱하면서 오대산으로 들어가 버렸다.

그들이 10년 수행을 마친 어느 날 부설 거사를 제도하기 위해서 그의 집을 찾았다. 부설 거사는 부인과 사이에서 남매를 두고 살고 있었는데, 그는 방문을 걸어 잠그고 앉아 공부에 여념이 없었다. 부설 거사가 그들을 만나자 "도반들은 공부를 잘하였는데, 나는 속가에 떨어져 이렇게 산다네." 하였다. 세 사람은 그동안 서로가 쌓은 공부의 힘을 한 번 겨뤄 보자 하였다. 물병을 세 개 달아 놓고 깨뜨리기로 했는데, 먼저 영의와 영조 스님이 병을 깨니 물이 바닥으로 쏟아졌다. 다음에 부설 거사가 병을 깨는데 병만 깨지고 물은 그대로 있었다.

이것은 바로 육체는 떠나도 도는 그대로 있음을 보여 준 큰 힘이 아니겠는가. 부설 거사는 정신의 상징을 이렇게 표현한 것이다. 부설 거사의 공부에 탄복한 영의와 영조 스님은 그 자리에서 무릎을 꿇고 부설 거사에게 예를 올렸다.

|문7| 절에서는 왜 부모나 왕이나 그 밖의 누구에게도 절을 하지 말라고 합니까?

── 그 까닭은 절 받는 사람이 감복減福하기 때문에 그렇다. 율문에 있는 말이다. 도덕과 학문과 지혜가 출중한 이가 절을 하면 그 절을 받는 사람의 복이 감한다고 하였다. 절에 대한 계는 상대방을 위해서 절하지 말라고 한 것이지, 자만심으로 절을 못하게 한 것은 아니다.

조주 스님은 황제를 맞을 때 평상에서 내려와 일곱 걸음을 걸어가서 맞이했는데, 한 걸음에 1년씩 감복해서 7년의 병난을 만난 일이 있다. 그런 도리가 있어서 절을 안 하는 것이지, 자만해서 그런 것이 아니다. 그러나 현재 우리의 공부 수준으로는 절을 해도 감복할 것이 없다. 아직 깨우친 경지가 아니기 때문이다. 오직 조사, 선지식의 경지에서 말한 것일 뿐 범부에게는 해당되지 않는다.

| **문8** | 선에도 종류가 있습니까?

── 꼭 종류가 있다고 볼 수는 없으나 굳이 나누어 설명한다면 신통변화하는 외도선外道禪과 인과를 믿어서 천상에 나기를 좋아하는 범부선凡夫禪과 아공我空만 되고 법공法空까지 못 된 소승선小乘禪과 아공我空, 법공法空을 깨달은 진리에 의지해 닦는 대승선大乘禪과 마음이 곧 부처라는 여래선如來禪과 조사선祖師禪을 한꺼번에 닦는 최상승선最上乘禪이 있다.

| **문9** | 축기돈築機頓과 화의돈化義頓에 대해 설명해 주십시오.

── 대장경을 한마디로 요약하면 축기돈과 화의돈 2가지로 나눌 수 있다. 축기돈이란 근기를 좇아 돈오하는 것을 말한다. 전생에 공부한 바가 없는데, 혹 사업으로 어쩌다 복을 지어서 근기를 잘 타고 나면 복지심령福至心靈이 되어 복이 오면 자연스럽게 마음이 신령스러워져 마음 바라는 대로 되고, 인빈지단人貧智短이라 사람이 가난하면 지혜로움이 줄어든다. 복을 많이 지어서 근기를 잘 타고 났을 때, 한마디 하면 홀연히 알아들을 수 있는 것이다. 이것이 축기돈이다.

배휴(배정승)는 축기돈의 대표적 인물이다. 배휴는 삼생三生 전에 소찰, 이생二生에 허현도, 삼생三生에 배휴다. 삼생 전에 소찰로서 월주 땅에 월주탑을 쌓기 시작해서 일생에 다 끝내지 못했다. 그래서 원을 세우기를 '내가 죽으면 내생에 월주 자사가 되어 관력으로 이 탑을 쌓으리라' 하였다. 이 탑은 사방으로 40리나 되는 엄청난 규모의 탑이었다. 그런 후 이생에 소찰은 허현도로 태어나서 월주 자사가 되었다. 당시 자신은 모르고 있었던 것이다. 그리하여 40리 장광 탑을 이생二生에 끝을 냈다. 그리고 삼생三生에 배휴가 된 것이다. 이렇듯 배휴는 공부는 안 했지만(탑 쌓는 것은 공부가 될 수 없다) 복을 많이 지어서 머리가 천재이고 한 마디만으로 불도를 알아들을 수 있었다. 이것이 축기돈이다.

화이돈이란 육조 스님 같은 분을 말한다. 오래전 전생으로부터 부처님의 교화를 받들어 닦아 오다가 깨친 분이다. 그래서 육조 스님은 신통도 자재했다. 돈오頓悟와 돈수頓修까지 마치지 않으면 바른 신통이 없다.

이치를 본 후가 훨씬 더 중요하다. 그래서 이치를 터득한 조사들 중에 한 번 산속에 들어간 후 나오지 않는 분들이 많았다.《전등록》30권에 육신통을 구비한 조사는 한 분도 없었다. 오직 부처님만이 육신통이 있을 뿐이다.

| 문10 | 지옥에 떨어진 조달이를 아란 존자가 찾아가 문답한 내용은 무엇입니까?

── 조달이가 부처님을 비방하다가 지옥에 떨어졌다. 부처님께서 아란 존자를 시켜 위문을 가게 했다. 아란 존자가 조달이에게 물었다.

"지옥고가 어떠한가?"

그러자 조달이가 대답했다.

"내가 지옥에서 고통 받는 즐거움이 마치 삼선천 즐거움처럼 느껴진다(색계色界 사선천의 셋째 하늘. 선을 닦는 사람이 이선천에서 얻은 기쁨을 떠나 정묘精妙한 낙을 얻는 곳으로, 소정천, 무량정천, 변정천이 있다)."

아난 존자가 다시 물었다.

"지옥고가 삼선천 낙보다 좋다면 당신은 언제나 지옥에서 벗어날 것이오?"

조달이가 대답했다.

"석가모니가 지옥에 빠지는 그때서야 나는 지옥에서 나간다."

그러자 아난 존자가 화가 치밀어 호통 치며 말했다.

"조달이 너야말로 범부로서 악한 놈이기에 지옥에 빠졌지만 어찌 석가모니 부처님이 지옥에 빠질 수가 있단 말이냐?"

그러자 조달이가 오히려 큰소리를 치면서 말했다.

"이놈 아난아, 석가모니 부처님이 지옥에 빠질 수 없다면 어찌 조달이가 지옥에서 나갈 수가 있겠느냐?"

여기서 언어문자가 끊어졌다. 그렇다면 지옥과 천당이 둘이 될 수 없는 것이다. 이것이 조달이의 지옥과 천당의 구별이 없는 소식이다. 이것은 부처님의 위력으로 법문을 구하고자 일부러 조화를 부려 본 것이다.

불법의 도리는 이래서 묘한 것이다. 깊이 공부를 하면 이런 도리를 알 수 있다.

| 문 11 | 부처님께서 아무 말씀도 없었는데 외도가 도를 얻었다 함은 무슨 뜻입니까?

―― 어느 외도가 부처님을 찾아와서 이렇게 말했다.

"말이 있는 것도 묻지 않는 동시에 말이 없는 것도 묻지 않습니다. 말이 있고 없고를 떠나서 한 말씀 해주십시오."

세존께서 그저 말없이 한참 동안을 침묵[良久]하시는데, 그때 외도가 말했다.

"세존께서 대자비로 저의 미(迷)한 곳을 열어 주셔서 제가 얻고 갑니다."

그러면서 절을 하고 갔다.

아난 존자가 옆에 있다가 세존께 그 까닭을 물었다.

"세존께서는 아무 말씀도 안 하셨는데 어찌 외도는 알았다면서 감사의 인사를 하고 갔습니까?"

"세상에서 좋은 말[馬], 영리한 말은 주인의 채찍 그림자만 보고서도 벌써 갈 줄 안다."

그러면서 외도는 마치 천리마처럼 영리한 사람이라고 하셨다. 또한 둔한 말은 매를 때리고 끌어도 못 가는 것도 이와 같다 하시며 세존께서 외도를 칭찬하셨다.

■ 탄허록

| **문12** | 조주 스님이 제자와 호떡내기를 하였다는 말은 무슨 이야기입니까?

—— 조주 스님이 제자와 앉아서 열劣한 것(강한 것의 반대)을 가지고 호떡내기를 했다. 스승과 제자가 서로 열한 것을 화제로 내놓기로 한 것이다. 조주 스님이 먼저 '말(馬)'이라 했다. 스승이 말이라 하니 제자가 '말안장(타는 것)'이라 했다. 말안장이 말보다 약해서 제자가 이겼다. 약한 것이 이기기로 했으니 승勝하면 지는 것이다.

조주 스님이 곧 '말똥'이라고 했다. 안장보다 똥이 더 약하니 스승이 이겼다. 그러자 제자가 '똥벌레'라 했다. 똥보다 벌레가 더욱 낮고 더러운 것 같아 이렇게 대답했는데, 조주 스님께서 갑자기 말씀하셨다.

"이놈, 호떡을 가져오너라."

제자가 물었다.

"어째서 그렇습니까?"

그러자 조주 스님이 대답했다.

"똥을 파먹는 것이 벌레이니, 벌레가 똥보다 더 승한 놈 아니냐."

제자는 벌레가 약한 줄 알았지만 결국 그 벌레가 똥을 먹으니 더 강한 놈이 된 것이다.

이런 까닭에 조주 스님이 이겨 제자에게 호떡을 얻어먹은 것이다.

여기서 《전등록》에 조사들이 많이 농현을 했는데, 진각 국사眞覺國師가 《염송拈頌》 30권을 편찬하다가 그 대목에서 한마디 부연을 하셨다.

"만사가 한걸음 물러서서 쉬는 것만 못 하고 백 년 동안 뜬 환幻이 꿈 가운데 거품이라."

 조주 스님께서 호떡을 먹으려고 내기를 한 것이 아니라 제자로 하여금 열처劣處에서 중요한 것을 구하게 함이다. 조주 스님께서는 공부하는 이들이 못난 곳에서 구하게 하기 위해 이것을 보인 것이다.

| 문13 | 함허 스님 당시 유교가 성했는데 왜 출가를 했습니까?

── 당시 혜월 스님께서 《논어》를 읽다가(당시에는 유교를 모르면 행세를 못 했기에 스님들이 유교 서적을 탐구했음) '널리 베풀고 대중을 제도하는 것은 요·순임금도 다 못했다'는 구절에서 정자가 주를 내기를 '어진 사람은 천지만물로써 한 몸을 삼는다(仁者 天地萬物爲一己; 어진 사람은 천하만물을 자기 몸으로 알고 위한다)'는 말에 이르러서 책을 덮어 놓고서 함허 스님(당시는 유교의 대선배)께 물었다.
 "맹자는 어진 사람입니까?"
 함허 스님이 그렇다고 하자 다시 물었다.
 "그러면 닭과 돼지는 만물 중에 하나로 들어갑니까?"
 "그럼, 들고말고."
 "그렇다면 개와 지렁이도 만물인데, 인자仁者는 천지만물로 한 몸을 삼는다고 했으니 이치에 맞는 말입니다만 맹자는 그런 말을 하면서도 짐승을 잡아먹을 수 있다고 했으니 어떻게 되는 것입니까?"
 이 질문 앞에서는 함허 스님 같은 박식군자도 말문이 막혀서 대답을 못했다. 이에 함허 스님께서 말씀하셨다.

"내가 며칠 생각해 보고 대답을 하겠노라."

그런 다음 육경六經을 다시 한 번 주석까지 탐독하였다. 그러나 살생이 이치에 합당하다는 말은 없었다. 《예기》에 산 풀도 밟지 않고 산 벌레도 죽이지 않는다고 했고, 나무도 자라는 것은 꺾지 않는다고 했다.

《주역》에는 예전에 총명하고 예지한 성인이 싱그럽고 호반스럽지만 살생을 하지 않았다고 나와 있지, 살생을 합리화한 것은 없었다. 이런 까닭에 함허 스님은 혜월 스님에게 대답을 할 수가 없어 항상 마음이 불편했다.

그러다가 하루는 삼각산 승가사에서 어떤 노사들의 대화 중에 불교에서는 십중대계十重大戒가 있는데, 첫째가 불살생이라 했다는 말을 듣고 함허 스님은 홀연히 눈이 열려 알아듣고는 출가하면서 다음과 같은 출가시를 지었다.

> 내가 본래 경과 사기에서 정자 주자가 불교 훼방하는 말을 듣고서,
> 부도(석가모니)의 옳고 그른 것을 알지 못해서
> 반복해 잠잠히 생각한 지 해가 이미 오래더니
> 비로소 진실한 것을 알아서 귀의한다.

이렇게 시를 짓고는 입산하신 것이다.

|문14| 부처님께 우유죽을 바쳤다는 목우녀에 대한 말씀을 듣고 싶습니다.

─── 목우녀가 우유죽을 끓여 부처님께 받치니 이것을 드시고 기력을 되찾았다. 그런데 장경에 보면 목우녀의 우유죽에 대해 사마 외도의 비난이 어처구니없이 분분했으니, 지금이나 옛날이나 같은 것이다. 다시 말해 높은 나무에 오르면 더욱 흔들리는 것이다.

부처님의 명성이 세상에 가득하니 외도의 질투는 극에 달했다. 그럼에도 불구하고 제자 가섭은 한결 같이 부처님을 신뢰했지만 제자들 중에는 더러 부처님을 의심하는 사람도 있었다. 예를 들면 《논어》에는 공자가 '남자'라는 여인을 만났다는 기록이 있다. 여인 '남자'는 위나라 국왕의 소실인데, 이 여인은 천하에 음녀로 소문이 자자했다. 그런데 이 여인이 공자를 만나고 싶어 했다. 공자는 왕의 부인임에 거절을 못 하고 만나기로 했는데, 그녀가 공식 석상이 아니라 한적한 곳에서 사적으로 만나자고 한 것이다.

그럼에도 공자께서는 그 여인을 만나 주었다. 그 이후로 자로가 공자를 좋아하지 않았다. 자로는 공자의 애제자 중 하나요, 사리가 밝은 정치가요, 웅변가인데도 스승을 의심하고 못마땅하게 여겼던 것이다.

이렇듯 자로 같은 사람이 공자를 의심했다면 나머지 사람이야 불문가지다. 이 말을 들은 공자는 다음과 같은 말씀을 하셨다.

"내가 만일 그런 짓을 할 것 같으면 하늘이 싫어할 것이다."

개구리가 어찌 대양을 알 수 있겠느냐.

| 문15 | 불상의 시초는 어떻게 전해진 것입니까?

── 부처님께서 어머니를 제도하시고자 도리천궁에 가셨다. 4개월 만에 내려와 보니 우전국 바사익 왕이 부처님을 사모하여 전단향으로 부처님 모양을 조각하고 그림을 그려서 탁자 위에 모셔 놓고 조석으로 예불을 하고 있었다. 그때 부처님께서 도리천궁에서 내려오자 조각된 불상이 자리에서 스스로 내려왔다. 그때 부처님께서 조각된 불상의 이마를 만지시며 하신 말씀이 "네가 미래세가 다하도록 나를 대신하여 중생계에 작복(作福: 복을 지음)을 하고 인연을 짓도록 하라" 하였다. 여기에서 등신불이 시작되었다.

| 문16 | 양무제는 왜 달마 스님에게 사약을 내렸습니까?

── 서천국에서 달마 스님이 중국에 오셨을 때 양무제가 물었다.
"내가 천자가 된 후 지금까지 절을 짓고 경을 만들고 탑을 쌓고 스님을 양성하기를 무수히 해왔으니 내게 무슨 공덕이 있습니까?"
이 말을 듣고 달마 스님이 대답했다.
"조금도 공덕이 없습니다[所無功德]."
양무제가 다시 물었다.
"그렇다면 어떤 것이 성인의 법에 제일가는 일입니까?"
"확연하여 체성(體性: 본성)이 없는 것입니다."
그러자 양무제가 다시 물었다.

"자신을 대하는 사람은 누구입니까?"

달마 스님이 말했다.

"불식(不識: 알지 못함)입니다."

양무제는 달마 스님과의 대화에서 한마디도 알아듣지 못하자 마음속으로 몹시 언짢고 불쾌했다.

실제로 양무제가 절 짓고 탑 쌓은 것이 복덕은 되지만 공덕은 될 수 없다. 공덕은 오직 자성自性에 있기 때문이다. 그 후 달마 스님은 소림굴에서 면벽을 시작했다.

당시 중국에는 광통 율사와 보리유지 선사가 있었는데 모르는 사람이 없을 정도로 명성이 높았다. 두 선사는 달마 스님의 소식을 전해 듣고 질투와 시기가 생겼다. 그래서 달마 스님의 '불립문자 직지인심 견성성불不立文字 直指人心 見性成佛' 법문은 부당하다 하면서 이는 불교의 정법이 아니라고 참소를 했다.

이런 연유로 양무제는 달마 스님에게 사약을 내리게 된 것이다. 달마 스님이 사약을 받고 죽은 후 웅이산에서 장사지냈다. 화장을 하지 않고 매장을 해서 묘를 만든 것이다.

그런데 달마가 죽기 전 양무제의 신하 송운은 인도의 사신으로 간 탓에 달마 스님이 사약 받고 죽은 사실을 알지 못했다. 3년 후 귀국하다가 촉령(중국과 인도의 경계) 도중에서 달마 스님을 만났다. 당시 달마 스님이 주장자 끝에 신 한 짝을 달고서 걸어오는 모습을 보고 송운이 달마 스님께 물었다.

"스님, 어디 가십니까?"

그러자 달마 스님이 대답했다.

"내 인연이 다해서 고국으로 가노라."

그러면서 양무제에게 문안 올리라고 말하였다. 송운이 이 사실을 양무제에게 전했다.

"촉령 도중에서 달마 스님을 친견했는데, 대왕께 꼭 문안을 올려 달라고 했습니다."

이 말을 들은 양무제는 깜짝 놀라지 않을 수 없었다. 그러면서 이미 3년 전에 사약을 받고 죽은 달마 스님을 웅이산에서 장사까지 치렀는데, 무슨 말이냐고 호통을 쳤다.

그러자 송운이 답했다.

"어찌 감히 신하가 군왕을 속일 리가 있습니까?"

이에 양무제가 하도 이상하고 괴이해서 웅이산 달마 스님의 묘를 파보니 오직 빈 곽에 신 한 짝만 남아 있었다.

달마 스님은 생사가 없는 소식을 보여 주고 신 한 짝을 지팡이에 달고 인도로 떠났던 것이다.

| 문17 | 달마 스님은 왜 그리 무서운 얼굴로 생겼습니까?

── 달마 스님은 본래 미남자였다. 그런데 도교(신선교)에 시해법이란 게 있다. 시해법이란 몸을 한 곳에 머물러 두고 정신은 수만 리라도 다니는 것을 말한다. 달마 스님이 시해법을 했다. 신선교를 하는 사람 중에는 시해법을 하는 사람이 많았다.

어느 날 신선교에 시해법하는 사람이 지나가다 보니 자기는 험악하게 생겼는데, 달마 스님은 몸이 미남이라, 달마 조사가 시해법 하느라 잠시 몸을 벗어 놓은 사이 시해법하는 사람이 '기회는 이때다!'라고 생각하고 달마 스님의 몸에 들어가 달아나 버렸다.

그리하여 달마 스님은 어쩔 수 없이 흉악한 신선의 몸에 들어갔다. 결국은 본신은 빼앗기고 남의 몸을 대신해서 얻은 것이다. 그래서 달마 스님의 상이 그리 흉측하게 생겼다고 한다.

| **문 18** | 한문은 상형문자라고 하는데, 죄자罪字는 왜 넉 사자四字 밑에 아닐 비자非字를 썼습니까? 그리고 4가지는 무엇입니까?

──── '4구四句를 여의고 백비百非를 끊는다'는 뜻으로 그렇게 썼다.

이때 4구란 유有, 무無, 비유비무非有非無, 역유역무亦有亦無다. 즉 있다, 없다, 있는 것도 아니고 없는 것도 아니다. 그렇지 않으면 있기도 하고 또한 없기도 하다는 뜻이다.

세상의 어떤 종교나 철학이든지 이 4구에서 벗어나는 것이 없다. 그러기에 불교에서는 이것을 철저히 타파해야 한다. 이 4구가 번뇌 망상의 근본이 되기 때문이다.

4비四非란 무엇이냐? 넉 사자四字 밑에 아닐 비자非字를 쓴 것은 그냥 만들어진 것이 아니다.

앞에서 말한 4가지가 붙으면 죄가 되는 것이다. 그래서 허물 죄자罪字로 4비四非를 만든 것이다. 세상의 죄罪는 법률적으로는 행동에 국한되지만 종교나 철학에서는 다르다. 진리적인 측면에서 볼 때 4비四非, 즉 4가지 그른 것이 다 죄다. 불교적인 측면에서 볼 때, 유구有句는 증익방增益謗, 즉 부처님 법을 증익하는 비방이다. 본래 부처님 법은 있는 것이 아닌데 있다고 하니 더욱 보태어지는 것이다.

무구無句는 손감방損減謗, 즉 진리는 아주 없는 것이 아니고, 진리는 무형이지만 있기 때문에 없다 했을 때는 덜어서 감하는 비방이 된다.

비유비무非有非無는 희론방戲論謗, 즉 장난짓거리 비방이다. 있으면 있고 없으면 없지 왜 있는 것도 아니고 없는 것도 아니라는 것인가.

역유역무亦有亦無는 상위방相違謗, 서로 어긋나는 비방이다. 있으면 있고 없으면 없지 또한 있기도 하고 또한 없기도 하다.

이것을 4방四謗이라 한다. 4가지 비방이다. 그러므로 이 4구四句를 여의고 백비百非를 끊는다. 수백 수천 가지 그른 것이 4구四句에서 벌어져 나간 것이다.

| 문19 | 공자의 제자 민자건의 효에 대해 듣고 싶습니다.

── 효孝는 백행百行의 근원根源이다. 민자건은 공자의 제자로서 효행의 으뜸자다. 민자건은 일찍이 어머님을 여의고 계모의 슬하에서 자랐는데, 계모는 삼형제를 낳았다.

하루는 민자건이 아버지 수레를 끌고 가다가 쉬면서 벌벌 떨고 있으니 아버지가 물었다. "왜 그리 떠느냐?"

"예, 추워서 그렇습니다."

아버지가 민자건의 옷을 만져 보니 옷 속에는 솜이 아니고 갈대꽃이 들어 있었다. 계모가 자기의 자식들은 솜옷을 입히고, 민자건은 갈대꽃으로 옷을 만들어 입혔던 것이다. 이 사실을 알게 된 아버지는 계모를 괘씸하게 여겨 내쫓으려고 하였다.

이때 민자건이 아버지 앞에 무릎을 꿇고 앉아 다음과 같이 말했다.

"어머니가 집에 있으면 한 자식만 떨어도 되지만, 어머니가 집을 나가시면 세 아들이 추워서 떨어야 합니다. 그러니 제발 어머님을 용서하시고 같이 살게 해주세요."

효자 중에 효자라 하겠다.

| **문20** | 강태공이 부인을 왜 소박했습니까?

── 강태공은 생활이 어려울 때 소 잡는 일을 했다. 먹고 살기 위한 방편이었다. 강태공이 80년을 수조垂釣, 즉 '낚시'를 하니 이를 답답해하던 부인이 도망갔다. 견디기 어려워서 떠난 것이다.

강태공은 훗날 문왕에게 발탁되어 부귀공명을 누렸다. 문왕은 그를 존위사부尊爲師傅 라고 높여서는 사부라 했다. 또 호위상부號爲尙父라 하여 호를 높은 아버지라 했다. 그래서 사상부師尙父라는 별호가 생긴 것이다.

그렇게 왕에게 대우를 받으며 살고 있던 어느 날 떠났던 부인이 태공을 다시 찾아왔다. 이때 태공은 부인에게 물을 한 동이 가져오게 한 다음 그 물을 땅에 쏟으라고 했다. 그리고 부인에게 물을 다

■ 단허록

시 쓸어 담으라고 했다. 그러자 부인이 대답했다.

"못 담겠습니다."

이에 태공이 다음과 같이 말하며 거절했다.

"당신과 나는 바로 이와 같소."

이 말은 들은 부인은 자살을 했다고 한다.

| 문21 | 주매신周梅臣은 강태공과 반대로 떠난 부인을 다시 맞이했다는데 사실입니까?

—— 주매신의 표맥漂麥이란 유명한 말이 있다. 보리멍석이 떠내려 갔다는 이야기는 주매신의 일화다. 그는 일생을 무릎이 썩을 정도로 글만 읽은 선비인데 부인이 하루는 이웃 마을에 가면서 검은 구름이 곧 비를 몰고 올 것 같아 남편 주매신에게 부탁했다.

"소나기가 쏟아질 것 같은데 만약 비가 오면 보리멍석을 거두어 주십시오."

주매신은 "그렇게 하리다"라고 대답을 하고서 글을 계속 읽었다. 그런데 소나기가 내려서 보리멍석이 다 떠내려 가버렸다. 부인이 돌아와서 이 광경을 보고는 더 이상 참을 수 없어서 남편을 책망하며 개가해 버렸다.

얼마 후 주매신이 대과에 급제해서 군수로 발령받아 가는 길에 도망간 부인을 만났다. 그녀는 가난한 집에 개가를 했던지 산에서 나물을 뜯고 있었다. 이 광경을 본 주매신은 옛날의 고생을 위로하면서 부인을 데려와 다시 재결합해서 살았다고 한다.

| 문22 | 왕이 있는 나라는 천하가 왕의 천하라고 해도 좋습니까?

── 아니다. 병법에도 "천하는 천하지천하天下之天下요, 비일인지천하非一人之天下다"라고 했다. 즉 천하는 한 사람의 천하가 아니고, 온 세상 사람의 천하라는 뜻이다. 어찌 왕의 천하가 될 수 있는가. 이것은 민주주의가 아니다. 옛날의 군주정치를 독재 정치로 잘못 알거나 착각해서는 안 된다. 천하는 바로 모든 사람의 천하이지 한 사람의 천하가 아니다.

| 문23 | 《논어》에 낚시질은 해도 그물질은 못한다 했습니까?

── 낚시질은 고기가 물어서 잡히지만 그물질은 도망가는 고기마저 잡으니까 차마 어떻게 그물질을 하겠느냐. 화살로 새를 쏘아 잡지만 꾸벅꾸벅 조는 새는 못 쏜다. 눈 뜨고 있는 놈은 화살을 보고서 날아가면 되지만 조는 새는 못 보고 있는데 어찌 쏘겠느냐.
맹자는 다음과 같이 말했다.
"군자는 푸줏간을 멀리한다. 왜냐하면 죽음을 슬퍼하여 목메어 우는 소리를 듣고 죽은 짐승의 고기를 군자가 차마 먹을 수 없기 때문이다."
빽빽한 그물은 좁은 곳에 펴지 못한다. 이것은 인仁을 하면서도 그 도를 다하지 못하는 것과 같다. 좁은 곳에 그물질을 못한다면 차

■ 답허록

마 낚시질은 어떻게 하며, 졸고 있는 새를 못 쏜다면 졸지 않는 새는 어떻게 쏘느냐. 빽빽한 그물을 좁은 곳에 펴지 못하면 큰 그물은 어떻게 오지에 펼 수 있느냐. 그렇기 때문에 인을 하면서도 인의 도道를 다하지 못한 것 아니냐.

| 문24 | 우임금은 충고해 주면 절을 했다고 하는데 왜 그랬나요?

──── 순임금은 묻기 좋아하고 가까운 사람이 하는 말을 살피기를 좋아했다. 묻기 좋아하는 것은 참 좋은 것이다. 미련한 사람이 묻기를 싫어한다. '불치하문不恥下問'이란 말이 있다. 아랫사람에게 묻기를 부끄러워하지 않는다는 뜻이다. 보통 사람들은 가까운 말을 살피지 못한다. 이때 가까운 말이란 자기 부인이나 측근의 말이다.

또한 순임금은 악한 것은 숨기고 선한 것은 드날려 주었다. 그 두 끝을 잡되 중도를 태평하게 쓰니 이것으로써 순임금이 되셨다고 한다.

이것은 순임금을 칭찬한 것이다.

우임금은 창언昌言, 즉 충고(간하는 좋은 말)를 하면 절을 하며 기꺼이 받아들이고 좋아했다.

한 나라의 왕이 창언을 받아들이기란 어려운 일이다. 하지만 우임금은 신하가 좋은 말을 하면 반드시 절을 하고 받았다. 좋은 말이란 옳은 말이고, 옳은 말이란 잔소리다. 잔소리란 거듭하는 말을 잔소리라 한다. 그런데 옳은 말은 누구나 다 듣기 싫어하지 않겠는가. 《서전》에는 오직 우임금 한 분만이 그랬다고 나와 있다.

성인으로서는 오직 우임금뿐이고, 현인으로서는 공자의 제자 자로가 있다. 자로(子路: 정치가)는 다른 사람이 허물을 일러 주면 기뻐했다. 하지만 허물을 말할 때 고맙다고 기뻐하기란 참으로 어렵지 않은가.

| 문25 | 공자께서 세 사람만 있으면 그 중에 나의 스승이 있다고 하신 말씀은 무슨 뜻입니까?

——《맹자》에 따르면 공자는 태묘라는 사당에 가셔서 매사를 묘지기에게 물었다는 대목이 나온다. 이것은 어떻게 하고 저것은 어떻게 하느냐 하고 물었다는 것이다. 그러자 묘지기가 다음과 같이 말하며 공자를 조롱했다.

"누가 공자가 예를 안다고 하느냐? 사당에 들어와 묘지기인 나에게 낱낱이 물어보던데."

이 말이 공자의 귀에 들어가자 공자께서 말했다.

"알고 묻는 것이 예법이니라. 모르고 묻는 것이 아니라 알고도 묻는 것이 예법이지 않겠느냐."

세 사람이 길을 가는데 나와 두 사람 가운데 반드시 나의 선생이 있다. 그중 착한 사람은 내가 택해서 쫓아가고, 착하지 못한 사람은 내가 그를 통해 고친다. 그러면 두 사람이 모두 나의 선생이 될 수 있다고 했다.

■ 탄허록

|문26| 《주역》이나 《천부경》에 대해 간단히 설명해 주십시오.

──《주역》이란 태극太極이 생양의生兩儀, 양의가 생사상生四象, 사상이 생팔괘生八卦, 팔괘가 생육십사괘生六十四卦이다. 태극은 우주가 생기기 전 면목, 태극의 원리가 죽은 물건이 아니기 때문에 반드시 동정動靜의 요소를 갖추었다. 동정의 요소를 갖추었기 때문에 한 번 동한 것이 하늘의 형상이 되고, 한번 고요한 것이 땅의 형상이 되었다. 하늘이 하늘만 되지 않은 것이 음양학이다.

따라서 사람 생긴 것도 이 콧구멍이 둘이면 속에서는 하나요, 눈이 두 개면 속에서는 하나가 되고, 입이 하나면 속에 들어가 둘이 된다. 누가 그렇게 만들었는가? 하늘이 하늘만 되지 않고, 땅이 땅만 되지 않고, 눈이 윗꺼풀만 동動하지 밑꺼풀은 동하지 않는다. 밑까지 같이 동한다면 주역이 아니다. 입은 밑에만 동하지 윗입술은 가만히 있다.

누가 이렇게 만들었는가? 이것이 《주역》의 역리易理다. 동정이 동정을 갖추었기에 사상이 나온다. 사상이 시간적으로 춘하추동이고 방위로 말하면 동서남북이다. 사상에서 팔괘가 나온다. 동서남북 그리고 간방間方하면 팔방, 팔팔은 육십사, 육십사괘가 나온다. 부연하자면 이것은 육십사괘만 되는 것이 아니다. 육천사백, 육만사천 얼마든지 만들 수 있다. 이것이 《주역》의 역이다. 역리란 태극의 원리가 죽지 않는 산 물건이기 때문에 반드시 우주 만유를 자전해 내고야 만다는 것, 역리 하나가 우주 만유가 된다는 것, 이것이 연역演繹이다.

서양학의 연역은 이렇게 되어 있지 않다. 하나가 우주 만유를 만들고야 만다면 만들지 않고는 쉬지 않는다는 것이 연역이다.

그러면 귀납歸納이란 무엇인가? 복희伏羲, 문왕文王, 주공周公, 공자孔子 4성인의 철학이 바로 귀납이다.

먼저 우주 만유가 어디서 나왔느냐? 육십사괘다. 육십사괘는 어디서 나왔느냐? 팔괘. 팔괘는 사상, 사상은 음양, 음양은 태극, 태극은 나온 곳이 없다. 태극, 나온 곳이 없다는 것을 소위 부처라 한다.

민족 사상으로는 최제우의 동학이나 강증산의 증산교가 있다. 우리가 우리 민족적 주체성에 서 본다면 불교를 제외한 최고의 철학은 《주역》이다.

복희 때 《주역》이 창작되었는데 그때는 그림뿐이었다. 그림만 보고도 다 알 수 있었다. 우주 만유의 진리를 문자화한 것이 복희, 신농, 황제, 요·순·우·탕·문·무, 즉 문왕 때 비로소 완성되었다. 이를 단사彖辭라 한다.

괘를 2개 놓고서 총명한 것을 단사, 괘사卦辭라 하고, 문왕의 아들 주공이 효사爻辭를 지었다. 공자는 십익十翼을 부연했다. 열 가지 돕는 것, 그래서 《주역》 14권이 되었다.

역사에 단군 국조가 '요堯로 병립'이라 한다. 복희, 신농, 황제, 요, 순, 우, 탕, 문왕에서의 '요임금과 병립'이라면 《천부경》은 단군의 사상으로서 《주역》보다 몇 백 년을 앞선다.

《천부경》은 81자다. 81자를 가지고 주역 14권을 함축해 놓은 것이 《천부경》이다. 왜 81자가 되었느냐? 천·지·인, 3재 원리를 3×3=9, 9×9=81, 《천부경》의 대의가 어렵다.

처음 일―은 시무시始無始의 일―이다. 끝의 일―은 종무종終無終의 일―이다. 이것이《천부경》의 핵심이다.

《주역》의 문왕 이전에 사상은《천부경》이다. 역학을 '우리 단군의 것'이라고 해도 좋다. '조직적인 견지에서 볼 때' 말이다. 그러므로 최초의《주역》을 한국의 것으로 보아도 좋다.

서구에서는 동양 사상을 신비 철학이라 한다. 서구의 사상 학문을 철학이라고 변역한다. 구체적으로 말하면 사색, 명상, 침묵, 영감, 즉 '사지사지思之思之하야 사지부득思之不得이면 신명神明이 자통自通이라.' 유교에서는 물물物物이 일태극이다. 우주 만물이 물건마다 하나의 일태극을 갖추었다. 즉 통째로 일태극이다.

문27 | 변소에서 쥐를 보고 발심한 이사는 어떤 사람입니까?

―― 이사伊斯는 천하의 문장가로서 뒷간에서 대변을 보다가 발심(세속의 출세)한 사람이다. 그가 변소에 갈 때마다 쥐 한 마리가 꼭 나와서 똥이나 똥벌레만 먹고 사는 것을 보고서 '곡식창고에 가면 배부르게 곡식을 먹으련만 하필 변소에만 있을까?' 하고 생각하다가 문득 자신을 되돌아보게 되었다.

"대장부로 태어나서 좁은 나라에서만 살 게 아니라 멀리 한번 나가 보자."

당시 중국에는 7국이 존재하던 때다. 그는 진시황을 찾아갔다. 그러나 외국인이라며 이내 쫓아 버렸다. 쫓겨난 이사는 축객에 대한 상소문을 진시황에게 올렸다.

"태산은 흙덩이 하나도 사양하지 않기 때문에 저렇게 큰 산이 된 것이요, 바다는 가늘게 흘러가는 물을 하나도 사양치 않기에 저렇게 깊어진 것입니다. 만백성의 황제로서 이사, 저 하나를 받아 주지 못해서야 말이 됩니까?"

이사의 축객 상소를 받은 진시황은 그의 문장과 웅변에 반해서 곧바로 정승으로 임명했다. 이사는 원래 본바탕이 불량하고 모함, 시기, 온갖 못된 습성을 다 지닌 사람이다. 당시(진시황 때) 수많은 유교인을 생매장하고 유교 서적을 불태운 것도 모두 이사의 계략이었다.

| 문28 | 옛날 사제 간의 의리에 관한 예를 들어 주십시오.

── 허미수許眉叟 선생은 이조 때 대표적인 선비였다. 선생께서 생활이 궁핍하여 저녁을 굶는다는 말을 듣고 제자 한 사람이 쌀 한 말과 붓 한 자루를 보내왔다. 그러나 허미수 선생은 붓은 받고 쌀은 돌려보내며 이렇게 편지를 썼다.

> 눈이 한 길이나 쌓였는데 나를 방문한 것은 고마우나 들고 온 물건은 무엇이냐.
> 모필은 내가 필요하니 고맙게 받겠네만 쌀은 내가 받을 것이 못 되도다.
> 받을 것은 여기에 두고 아닌 것은 되돌려 보내노라.

■ 탄허록

짧은 문장이지만 참으로 명문이다. 수많은 글을 써도 이렇듯 곡진하고 미묘한 문장을 어느 누가 쓸 수 있겠는가.

옛날의 도학군자 가풍에는 글을 가르치고 돈 받는 일이 없었다. 그러기에 군사부일체라고 했다. 스승이 굶어도 돈은 받지 않았다. 그러기에 사제 간의 의리가 두터운 것이다. 당시의 허미수 선생은 몹시 빈한해서 끼니를 거르고 살았다. 그런데도 제자의 쌀은 받지 않았으니 얼마나 고매한 스승인가.

| 문29 | 운명이란 순종보다는 개조하는 것이라 들었습니다. 개조가 될 수 있습니까?

── 중국에 당개라는 선비가 운명을 보았는데 "천정무원穿井無源이라"는 점괘가 나왔다. 즉 "우물을 파는 데 근원이 없다"라는 뜻으로 다시 말해서 "너의 팔자는 기구해서 어렵다"는 말이었다.

그러자 당개는 즉각 "천정무원穿井無源가?"라고 현토를 고쳐서 반박했다. 이 말의 뜻은 "우물을 파는 데 근원이 없을 소냐?"라는 말로 파다가 중단하면 근원이 없지만 끝까지 파면 근원의 물이 있다는 것이다.

그리고 꾸준히 70년을 공부했다. 그러면서도 결코 세상을 원망하지 않았다.

보통 사람들은 자기를 몰라준다고 세상을 원망하는데도 그는 한 번도 원망함이 없이 꾸준히 노력했다. 대신 학문이 능통하면 내가 벼슬을 할 텐데, 학문이 부족하니 내가 이렇듯 등용 안 되었지 하면서 늘 반성하고 노력을 했다.

그러다 일흔이 되던 해에 역시 글을 읽고 있는데 갑자기 공중에서 "당개, 당개!" 하고 불러서 밖으로 나가보니 허공은 공적하고 부르는 소리만 있지 모양을 볼 수가 없었다. 그러자 당개가 "무엇이 나를 찾느냐" 하니 공중에서 귀신이 하는 말이 "너의 운명을 어찌하겠니?" 물었다. 듣고 보니 젊었을 때 말과 같았다. 우물을 파서 근원이 없다는 말이나 지금의 "운명을 어찌하겠니?" 이 두 문장은 말만 다르지 뜻이 같으니 당개가 다시 반박을 했다.

"야, 이놈아 운명인들 당개를 어찌하겠느냐?"

"당개가 밀고 나가는데 어찌 운명이 당개를 이길 수 있단 말이냐?"

이렇게 호통을 쳤다. 그리고 그 해에 등과를 했다. 이렇게 운명은 당개처럼 자기 자신이 개척하는 것이다.

| 문30 | 거북이와 뽕나무에 대한 일화가 있던데요.

── 거북이는 신령하고 싱그러운 놈이라. 그런데 나무에게 안 해야 할 말까지 해버린 것이다.

"남산의 나무를 다 갖다 태워도 나는 죽지 않는다."

그렇게 말해 놓고 밤중에 나무와 이야기할 때는 다음과 같이 다른 말을 했다.

"나는 뽕나무로 태우면 죽는다."

그러자 뽕나무가 걱정을 했다.

"거북이 너 때문에 나도 재앙을 받는다."

또다시 거북이가 뽕나무에게 말했다.

"아무 말 말고 조용히 있어라. 잘못하면 너와 나는 같이 재앙을 당한다."

이때 이 말을 옆에서 듣는 이가 있었는데 그는 이 말을 듣고서 뽕나무로 거북을 태웠다.

말이란 이렇게 항시 삼가야 한다.

│문31│ 제오륜第五倫이란 분이 공정하셨다는데 어떠했습니까?

── 제오륜第五倫은 한나라 때 정승이었다. 이 분은 세상에서 공정하다고 소문이 자자했다. 어떤 사람이 제오륜에게 와서 칭찬을 했다. 그러자 제오륜은 말했다.

"아니다. 잘못 알고 있다. 왜 내가 공정하단 말인가."

스스로 공정하지 못하다 하니 참으로 공정하지 않는가.

제오륜이 과거시험장에서 시관을 하고 있을 때였다. 어떤 사람이 천리마를 한 마리 기증하면서 잘 봐 달라고 부탁했다. 그는 당시에는 호통을 치면서 거절했다. 그러나 매년 과거시에는 그 사람에 대한 고마운 생각을 떨쳐버릴 수 없었다. 그러면서 말했다.

"그러니 어찌 내가 공정할 수 있느냐."

또 다른 일화가 있다.

"나는 조카자식이 아파 누워 있을 때는 십여 차례나 일어나 가서 문병을 했다〔十起之憂〕. 이것은 형제간의 체면과 의리 때문에 그런 것이다. 그러나 내 집에 돌아오면 깊은 잠을 잘 수 있었다. 그러나 내 자식이 아파 있을 때는 한 번도 가보지는 않으나 밤이 새도록 잠을 이룰 수 없다〔……終夜不昧之憂〕. 이렇게 조카자식과 내 자식을 생각하는 차이가 있는데 어찌 내가 공정하다 할 수 있느냐."

제오륜의 공정함이 이와 같았다.

| 문32 | 남이 나를 비방할 때 어떻게 대처해야 합니까?

── 유교의 문증자에게 어떤 학도가 찾아와서 물었다.
"남이 나를 비방할 때 그치게 하는 법이 있습니까?"
문증자가 대답했다.
"스스로 행실을 닦는 것만 못하다."
그러자 문증자가 다시 물었다.
"더 하실 말씀이 없습니까?"
"변명하지 말라. 옳고 그름을 변명하지 말라."
그 후 율곡 선생께서도 자기의 《자경문自警文》에 그 말을 인용해서 "가히 써 법 받을 만하다" 하시고, 자기도 역시 자경을 했다 한다. 그러니 '묵빈(말하지 않음)'이 이렇게 좋은 것이다.

탄허 스님의 연보

- 성씨는 김金. 속명는 금택金澤. 자字는 간산艮山. 법명은 택성(宅成: 鐸聲). 법호는 탄허吞虛이다.

- 1913년 음력 1월 15일 전북 김제 만경萬頃에서 독립운동가인 율제栗齊 김홍규金洪奎 선생의 둘째 아들로 태어나다.

- 1918년(6세) 이때부터 1928년 16세 때까지 10여 년 간 부친父親과 조부(祖父; 金炳日) 그리고 향리의 선생으로부터 사서四書 삼경三經을 비롯한 유학儒學의 전 과정을 마치다.

- 1919년부터 부친이 독립운동을 하다 체포수감 되어 1924년까지 옥바라지를 하다.

- 1929년(17세) 이 해 충남 보령으로 옮겨서 기호학파 면암 최익현의 재전再傳 제자 이극종李克宗 선생으로부터 다시 《시경詩經》을 비롯한 삼경三經과 《예기禮記》·《춘추좌전春秋左傳》등 경서經書를 수학하다.

- 1932년(20세) 이즈음 《도덕경道德經》과 《장자莊子》 등 도가道家의 경전을 읽으면서 '도道란 무엇인가?'라는 새로운 주제에 관심을 갖기 시작하다. 또 이 해 음력 8월 14일 처음으로 한암漢岩 스님에게 서신을 보내다. 이후 22세에 입산하기까지 3년 동안 약 20여 통의 서신을 주고받다.

- 1934년(22세) 음력 9월 5일 드디어 오대산 상원사로 입산하다. 그 해 10월 15일 결제일에 한암漢岩 스님을 은사恩師로 구족계具足戒를 받다. 이후 3년 가까이 선원禪院에서 묵언默言 정진精進하다.

- 1936년(24세) 1936년 6월 선교禪敎 겸수兼修의 인재를 양성養成하기 위하여 '강원도 3본산(유점사·건봉사·월정사) 승려 연합수련소가 오대산 상원사에 설치되다. 이곳에서 탄허 스님은 은사 한암 스님의 증명證明 하에 중강中講으로서 《금강경金剛經》·《기신론起信論》·《범망경梵網經》 등을 강의하다. 파격적인 이 일은 전국 불교계로 하여금 관심觀心의 초점焦點이 되다.

- 1939년(27세) 이즈음 '강원도 3본산 승려 연합 수련소와 선원禪院의 고참 선객인 고암, 탄옹 스님 등의 청請에 의하여 《화엄경》과 《화엄론》 강의가 개설되다. 이 강의 역시 한암 스님의 증명 하에 탄허 스님이 강의하였는데, 11개월 만에 강의가 끝나자 한암 스님은 제자 탄허 스님에게 《신화엄경합론新華嚴經合論》에 대하여 현토懸吐 간행을 유촉遺囑하다. 이것이 계기가 되어서 결국 《신화엄경합론》(47권)을 비롯한 《사교四敎》·《사집四集》·《사미沙彌》 등 불교내전佛敎內典 총 14종, 70권의 불교 경전을 현토懸吐 역해譯解하게 되다.

- 1949년(37세) 입산 후 6.25가 일어나기 1년 전인 이때까지 한암 스님을 모시고 15년 동안 선원에서 좌선을 하다. 한편 스승의 권유에 의하여 강원講院의 이력履歷 과정 그리고 《전등록》·《선문염송》·《보조법어》·《육조단경》·

《영가집》 등 중요 경전과 선어록禪語錄을 사사師事하다.
- 1951년 봄 스승 한암 스님이 열반涅槃하다.
- 1955년(43세) 대한불교 조계종 강원도 종무원장 겸 월정사 조실祖室에 추대되다.
- 1956년(44세) 4월 1일 오대산 월정사에 대한불교 조계종 오대산 수도원을 설치하다. 기간은 5년, 자격은 승속불문하고 강원의 대교과 졸업자나 대졸자, 또는 유가의 사서四書를 마친 자에 한하였다. 교과목은 내전으로는 《화엄경華嚴經》·《기신론起信論》·《영가집永嘉集》·《능엄경楞嚴經》 등이었고, 외전外典으로는 《노자道德經》·《장자南華經》·《주역선해周易禪解》 등이었다. 강의는 탄허 스님께서 전담했고, 식량 및 재정은 주로 월정사와 양청우 스님이 전담했다. 또 외부강사를 초빙하여 동서철학 특강도 있었다. 오대산 수도원은 불교와 사회 전반에 걸쳐 인재를 양성하겠다는 이상理想 하에 이루어진 최초의 교육 결사였다.
- 1956년(44세) 가을 무렵부터 수도원修道院의 교재로 쓰기 위하여 본격적으로 《신화엄경합론》 등 번역에 착수하다.
- 1958년(46세) 1957년 11월부터 흔들리기 시작하던 수도원이 이 해 초겨울 대처, 비구의 분쟁 정화淨化 재정난으로 완전히 문을 닫게 되다. 남은 제자들을 이끌고 영은사로 옮겨 1962년 10월까지 인재양성의 교육 불사를 계속하다.
- 1959년(47세) 《육조단경》 번역 원고를 탈고하다.
- 1960년(48세) 4월 1일 현토역해 《육조단경》이 해동불교 역경원에서 간행되다.
- 1960년(48세) 이 무렵 《보조법어普照法語》 번역 원고를 탈고하다.

- 1962년(50세) 10월 다시 월정사 주지 발령을 받고 영은사靈隱寺에서 방산굴方山窟로 거처를 옮기다.
- 1963년(51세) 9월 15일 현토역해《보조법어普照法語》가 간행되다.
- 1965년(53세) 11월 동국대학교 대학선원現 正覺院 장長에 임명되다. 정식 취임은 1966년 9월.
- 1966년(54세) 12월 수원 용주사에 설립된 동국역경원 초대 역장장譯場長에 임명되다.
- 1967년(55세) 3월 경 10년 만에 62,500여 장에 달하는《신화엄경합론》번역 원고를 탈고하다. 이때 원고 쓰는 과정에서 생긴 오른 팔 견비통으로 10여 년 이상 고생하다.
- 1969년(57세) 부산 삼덕사에서 화엄경 탈고된 원고 교정 수정 등을 약 8개월에 걸쳐 끝내다. 당시 각성, 무비, 통광, 성일, 혜등 스님과 거사 보살 등이 참석하다.
- 1969년(57세) 7월 대전 학하리에 자광사慈光寺를 창건하다.
- 1969년(57세) 10월 13일 오대산 월정사 대웅전이 낙성되다.
- 1972년(60세) 화엄학연구를 위하여 서울 시내 낙원동에 화엄학연구소를 설립하다.
- 1972년(61세) 3월부터《신화엄경합론》간행을 착수하다.
- 1975년(63세) 동국학원동국대학교 이사에 취임하다.
- 1975년(63세) 8월 1일 번역에 착수한 지 18년 만에 드디어《신화엄경합론》이 화엄학연구소에서 간행되다.《신화엄경합론》은 한장漢裝으로 총 47권재판은 양장으로 23권으로 되어 있음이며, 자비출판으로서 조판에서 완간까지는 약

3년이 걸렸다.

- 1975년(63세) 10월 25일《신화엄경합론》역해 완간 공로功勞로 동아일보사 주최 제3회 인촌문화상을 수상하다. 대한불교 조계종 종정상도 동시 수상하다.

- 1975년(63세) 이 해 말경 그동안 틈틈이 번역해 오던《사집四集》원고를 탈고하다.

- 1976년(64세) 7월 강원講院의 사집과 교재인《서장書狀》·《도서都序》·《절요節要》·《선요禪要》를 완간하다.

- 1977년(65세) 이 해 초부터《사교四敎》번역을 시작하다.

- 1977년(65세) 11월 25일부터 2개월 동안 월정사에서《신화엄경합론》완간을 기념하여 제1회 화엄법회(화엄경특강)를 개최하다.

- 1978년(66세) 인도 4대 불교성지를 참배하다. KBS TV에서 동행, 촬영하여 '불교문화의 원류를 찾아서'라는 제목으로 11회 방영되다.

- 1980년(68세) 2월 10일 저서《부처님이 계신다면》이 예조각에서 출간되다.

- 1980년(68세) 4월《사교四敎》번역 원고를 탈고하다.

- 1980년(68세) 9월《치문緇門》과《초발심자경문初發心自警文》번역 원고를 탈고하다.

- 1980년(68세) 11월《능엄경楞嚴經》·《금강경金剛經》·《원각경圓覺經》·《기신론起信論》등《사교四敎》를 완간하다.

- 1981년(69세) 5월《치문緇門》과《초발심자경문》을 완간하다.

- 1982년(70세) 5월 현토 역해《주역선해周易禪解》를 간행하다.

- 1983년(71세) 2, 3년 전부터 보이기 시작한 미질微疾이 이 해 봄에 이르러

더욱더 악화되다. 열반涅槃 일주일 전까지 《도덕경》 마지막 교정을 마치다.

- 1983년(71세) 음력 4월 24일(양력 6월 5일) 오대산 월정사 방산굴方山窟에서 세수世壽 71세, 법랍法臘 49세로 열반에 드시다.
- 1983년(71세) 열반하시고 7월 25일 49재에 올리기 위해 현토懸吐 역해譯解 《도덕경선주道德經選註》가 간행되다.
- 1983년 6월 22일 정부에서 국민훈장을 추서되다.
- 1984년 11월 15일 탄허불교문화재단이 설립되다.
- 1994년 7월 불교전문강원 교재 11권 발행 공로로 재단에서 종정상 수상하다.
- 1997년 7월 15일 유고집 《피안을 이끄는 사자후》가 간행되다.
- 2001년 5월 17일 유고원고 현토 역해 《영가집永嘉集》이 간행되다.
- 2001년 8월 20일 《발심삼론發心三論》이 간행되다.
- 2004년 4월 10일 유고 《장자 남화경》과 법문CD가 간행되다.
- 2005년 8월 15일 탄허 스님의 부친 김홍규 옹이 독립유공자 건국포장을 받다.

탄허록

ⓒ 탄허 2012

초판 1쇄 발행 2012년 4월 10일
초판 14쇄 발행 2025년 7월 25일

지은이 탄허
펴낸이 유강문
편집1팀 김진주 이연재
마케팅 김한성 조재성 박신영 김애린 오민정

펴낸곳 (주)한겨레엔 www.hanibook.co.kr
등록 2006년 1월 4일 제313-2006-00003호
주소 서울시 마포구 창전로 70(신수동) 화수목빌딩 5층
전화 02-6383-1602~3 **팩스** 02-6383-1610
대표메일 book@hanien.co.kr

ISBN 979-11-7213-288-0 03810

• 값은 뒤표지에 있습니다.
• 이 책의 일부 또는 전부를 재사용하려면 반드시 저작권자와 (주)한겨레엔 양측의 동의를 얻어야 합니다.
• 파본은 구입하신 서점에서 바꾸어 드립니다.